汽车类专业工学结合规划教材

汽车底盘构造与维修

主　审　吴文民
主　编　钱　诚　刘言强
副主编　张　旭　许　仙　邱小龙

苏州大学出版社

内容简介

本教材系统地介绍了汽车底盘的组成、结构、原理、检修和维护技术,以具体项目任务为教学主线,以实验实训场所为平台,将理论教学与技能操作训练有机结合,采用"项目教学"法完成课程的理论实践一体化教学,通过将教、学、练紧密结合,重点对学生实际操作能力、设计能力和创新能力进行综合培养。主要内容包括:汽车底盘的认知、汽车传动系统的认知与维修、汽车行驶系统的认知与维修、汽车制动系统的认知与维修、汽车转向系统的认知与维修等。

本教材图文并茂、深入浅出、通俗易懂,可作为高职高专院校汽车类专业的教材,也可供汽车类专业培训和汽车维修技术人员使用。

图书在版编目(CIP)数据

汽车底盘构造与维修 / 钱诚,刘言强主编. —苏州:苏州大学出版社,2018.12

汽车类专业工学结合规划教材

ISBN 978-7-5672-2738-5

Ⅰ.①汽… Ⅱ.①钱… ②刘… Ⅲ.①汽车-底盘-结构-高等职业教育-教材②汽车-底盘-车辆修理-高等职业教育-教材　Ⅳ.①U463.1②U472.41

中国版本图书馆 CIP 数据核字(2018)第 296006 号

书　　名	汽车底盘构造与维修
主　　编	钱　诚　刘言强
责任编辑	刘一霖
装帧设计	吴　钰
出版发行	苏州大学出版社(Soochow University Press)
社　　址	苏州市十梓街1号　邮编:215006
网　　址	www.sudapress.com
E - mail	sdcbs@suda.edu.cn
印　　装	苏州工业园区美柯乐制版印务有限责任公司
邮购热线	0512-67480030
网店地址	https://szdxcbs.tmall.com/(天猫旗舰店)
开　　本	787mm×1092mm　1/16　印张:9.5　字数:223 千
版　　次	2018 年 12 月第 1 版
印　　次	2018 年 12 月第 1 次印刷
书　　号	ISBN 978-7-5672-2738-5
定　　价	26.00 元

凡购本社图书发现印装错误,请与本社联系调换。服务热线:0512-65225020

前言

  本教材遵照教育部高职高专教材建设的要求,从人才培养目标的实际出发,紧紧围绕培养高等技术应用型人才的要求,以应用为目的,以能力为本位,以学生为中心,以就业为导向,立足高职高专教育人才培养目标,突出高职高专为生产一线培养技术型管理人才的教学特点,力求简明扼要、突出重点,更具有针对性、实用性和可读性。

  本教材以项目任务为教学主线,通过设计不同的项目,巧妙地将知识点和技能训练融于各个项目之中。教学内容以"必需"与"够用"为度,将知识点做了较为精密的整合,由浅入深、循序渐进,强调实用性、可操作性和可选择性。

  本教材将理论教学与技能训练有机结合,以实验与实训场所作为教学平台,采用"项目教学"法完成课程的理论实践一体化教学,将教、学、练紧密结合,真正体现了职业教育的特点。

  本教材由吴文民担任主审,钱诚、刘言强担任主编,张旭、许仙、邱小龙担任副主编。参加编写的人员还有昆山德骏行汽车技术服务有限公司总经理黄景锋、昆山市仁合新能源汽车销售有限公司总经理徐永青。

  编者在写作过程中得到了相关部门和领导的大力帮助和支持,还参阅了许多国内外公开出版与发表的汽车底盘系统的相关著作、文献,在此谨向相关部门、领导及原作者表示衷心的感谢。由于编者的经验和水平有限,本教材的内容难以覆盖全国各地的实际情况,也难免有不妥和错误之处,恳请读者提出宝贵意见,以便我们在再版修订时改正。

项目一	**汽车底盘的认知** ………………………………………… 001
	任务一　汽车底盘的作用、组成的认知 ……………………… 001
	任务二　汽车驱动方式的认知 ………………………………… 006

项目二	**汽车传动系统的认知与维修** …………………………… 011
	任务一　离合器结构的认知与检修 …………………………… 011
	任务二　变速器结构的认知与检修 …………………………… 027

项目三	**汽车行驶系统的认知与维修** …………………………… 039
	任务一　行驶系统组成和工作原理的了解 …………………… 039
	任务二　车架、车桥、车轮、悬架的认知 …………………… 042
	任务三　动不平衡的认知和车轮的定位与保养 ……………… 057
	任务四　行驶系统的检修 ……………………………………… 063

项目四	**汽车制动系统的认知与维修** …………………………… 068
	任务一　制动系统结构与组成的认知 ………………………… 068
	任务二　制动器的认知与检修 ………………………………… 073
	任务三　液压制动传动装置的检修 …………………………… 084
	任务四　汽车制动防抱死系统的检修 ………………………… 091

项目五	**汽车转向系统的认知与维修** …………………………… 100
	任务一　转向系统结构和工作原理的认知 …………………… 100
	任务二　动力转向系统与四轮转向控制系统的认知 ………… 113
	任务三　转向系统的检修 ……………………………………… 126

项目一 汽车底盘的认知

📱 项目描述

汽车底盘是汽车的重要组成部分,由传动系统、行驶系统、转向系统和制动系统四大系统组成,是汽车运行的基础。熟悉汽车底盘结构,掌握汽车底盘各系统的工作原理,是学习汽车底盘并对底盘各系统及组成部件进行拆装、检修的基础。

学习目标

1. 知识目标
(1) 掌握汽车底盘的结构组成、作用及各组成部分的安装位置。
(2) 掌握汽车底盘的专业术语。
(3) 了解汽车底盘的布置形式。

2. 技能目标
(1) 能对汽车底盘各组成部件进行指认识别。
(2) 能对照实训车辆指出专业术语所指部位。
(3) 能对照实训车辆说出底盘的驱动形式。

任务一 汽车底盘的作用、组成的认知

任务目标

- 认识汽车底盘的作用、组成。
- 认识汽车底盘专业术语的概念。

任务导入

学习汽车底盘的组成和作用,对照实训车辆桑塔纳 2000 车型进行具体结构认知,掌握汽车底盘专业术语的概念。

必备知识

一、汽车底盘的作用、组成

1. 汽车底盘的作用

汽车底盘用于接受并传递发动机的动力,使汽车能够运动并安全正常行驶,同时还用于安装和支承汽车其他各组成和部件,从而形成汽车的整体造型。

2. 汽车底盘的组成

汽车底盘由传动系统、行驶系统、转向系统和制动系统四大系统组成,如图1-1所示。

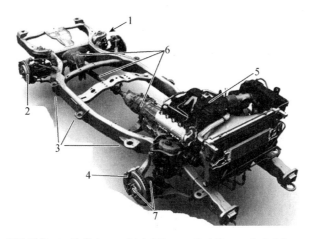

1—悬挂;2—行驶系统;3—连接点;4—制动系统;5—发动机;6—传动系统;7—转向系统

图1-1 底盘组成

(1)传动系统。

汽车发动机发出的动力靠传动系统传递到驱动车轮。传动系统具有减速、变速、倒车、中断动力、轮间差速和轴间差速等功能,与发动机配合工作,能保证汽车在各种工况条件下正常行驶,并具有良好的动力性。

(2)行驶系统。

行驶系统接受传动轴的动力,通过驱动轮与路面的作用产生牵引力,使汽车正常行驶;承受汽车的总重量和地面的反力;缓和不平路面对车身造成的冲击,衰减汽车行驶中的震动,保持行驶的平顺性;与转向系统配合,保证汽车操纵的稳定性。

(3)转向系统。

转向系统保证汽车能够按照驾驶员选择的方向行驶,由带转向盘的转向器及转向传动装置或转向助力装置等部件组成。

(4)制动系统。

制动系统可分为行车制动系统、驻车制动系统、应急制动系统及辅助制动系统等。用于使行驶中的汽车降低速度甚至停车的制动系统称为行车制动系统;用于使已停驶的汽车驻留原地不动的制动系统称为驻车制动系统;在行车制动系统失效的情况下,保证汽车仍能实现减速或停车的制动系统称为应急制动系统；在行车过程中，辅助行车制动系统降低车速或保持车速稳定，但不能将车辆紧急制停的制动系统称为辅助制动系统。在上述各制动系统中，行车制动系统和驻车制动系统是每一辆汽车都必须具备的。

二、汽车底盘专业术语

1. 汽车长度

汽车长度是垂直于车辆纵向对称平面并分别抵靠在汽车前、后最外端突出部位的两个垂面之间的距离，简单地说，就是沿着汽车前进的方向，汽车最前端到最后端的距离。

2. 汽车宽度

汽车宽度是平行于车辆纵向对称平面并分别抵靠车辆两侧固定突出部位的两个平面之间的距离，简单地说，就是汽车最左端到最右端的距离。其中所说的"两侧固定突出部位"并不包括后视镜、侧面标志灯、示位灯、转向指示灯、挠性挡泥板、防滑链以及轮胎与地面接触部分的变形。

3. 汽车高度

汽车高度是车辆支承平面和与车辆最高突出部位相抵靠的水平面之间的距离，简单地说，就是从地面到汽车最高点的距离。汽车高度通常是指汽车在空载但可运行（加满燃料和冷却液）的情况下的高度。

4. 汽车轮距

汽车轮距是车轮在车辆支承平面（一般就是地面）上留下的轨迹的中心线之间的距离。如果车轴的两端是双车轮，轮距就是双车轮两个中心平面之间的距离。

汽车的轮距有前轮距和后轮距之分。前轮距是前面两个轮中心平面之间的距离，后轮距是后面两个轮中心平面之间的距离。两者可以相同，也可以有所差别。

一般来说，轮距越大，对操纵平稳性越有利，同时对车身造型和车厢的宽敞程度也越有利，横向稳定性就越好。但若轮距宽了，汽车的总宽和总重一般就会加大，而且容易产生向车身侧面甩泥的问题。轮距过宽还会影响汽车的安全性。因此，轮距应与车身宽度相适应。

5. 汽车轴距

汽车轴距是通过车辆同一侧相邻两个车轮的中点，并垂直于车辆纵向对称平面的两条垂线之间的距离，简单地说，就是汽车前轴中心到后轴中心的距离。对于三轴以上的汽车，其轴距由从前到后的相邻两车轮之间的轴距分别表示，而总轴距为各轴距之和。

从设计角度讲，轴距是一个很重要的参数，与汽车的性能息息相关。轴距决定了汽车重心的位置。因此汽车轴距一旦改变，总布置特别是传动系统和车身部分的尺寸就必须重新设计，悬架系统中的弹簧和吸震器参数以及转向系统中的转向梯形拉杆尺寸就必须重新调整。同时轴距的改变也会引起前、后桥轴荷分配的变化，对汽车制动性、操纵性及平顺性产生影响。所以汽车技术性能表参数中肯定有轴距这个参数，这足以说明轴距具有十分重要的参考作用。

轴距的长短对轿车的舒适性、操纵稳定性影响很大。一般而言，轿车级别越高，轴距越长。轴距越长，车厢越长，乘员乘坐的座位空间就越宽敞，抗俯仰和横摆性能也就越好。长轴距在增强直路巡航稳定性的同时，使得转向灵活性下降、转弯半径增大、汽车的机动性变差。因此汽车制造商必须在稳定性和灵活性之间做出取舍,找到合适的平衡点。当然在高档长轴距轿车上,这些缺点已经被其他高科技装置弥补。

6. 接近角

接近角是指在汽车满载、静止时,汽车前端突出点向前轮所引切线与地面的夹角,即水平面与切于前轮轮胎外缘(静载)的平面之间的最大夹角。接近角越大,汽车在上下坡或进行越野行驶时,就越不容易发生"触头"事故,汽车的通过性就越好。

7. 纵向通过角

纵向通过角是指在汽车空载、静止时,在汽车侧视图上分别通过前、后车轮外缘做切线交于车体下部较低部位所形成的最小锐角。它反映了汽车可无碰撞地通过小丘、拱桥等障碍物的能力。纵向通过角越大,汽车的通过性越好。

8. 离去角

离去角是指在汽车满载、静止时,自车身后端突出点向后车轮所引切线与路面之间的夹角,即水平面与切于后轮轮胎外缘(静载)的平面之间的最大夹角。它表征了汽车离开障碍物(如小丘、沟洼地等)时,不发生碰撞的能力。离去角越大,汽车的通过性越好。

离去角多适用于下坡时。车辆一路下坡,当前轮已经行驶到平地上,后轮还在坡道上时,后保险杠会不会卡在坡道上,关键就在于离去角。离去角越大,车辆就可以由越陡的坡道上下来,而不会因后保险杠卡住而动弹不得。

9. 最小离地间隙

最小离地间隙是指汽车在满载(允许最大荷载质量)的情况下,底盘最低点距离地面的距离。

一般来说,轿车的最低点是变速箱或者机油底壳的下方,越野车的最低点是前后桥的差速器。最小离地间隙越大,车辆通过有障碍物或凹凸不平的地面的能力就越强,但因为重心偏高,车辆的稳定性就越差;最小离地间隙越小,车辆通过能力就越弱,但因为重心低,车辆的稳定性就越好。汽车的最小离地间隙不是静止不变的,它取决于负载状况。

10. 转弯半径

转弯半径是指当方向盘转到极限位置时,外侧前轮轨迹圆的半径。转弯半径在很大程度上代表了汽车能够通过狭窄弯曲地带或绕开不可越过的障碍物的能力。

转弯半径直接影响汽车的机动性。转弯半径越小,汽车通过狭窄弯曲地带或绕开不可越过的障碍物的能力就越强,汽车就越灵活。转弯半径与汽车的轴距、轮距及转向轮的极限转角直接相关。轴距、轮距越大,转弯半径也越大;转向轮的极限转角越大,转弯半径就越小。转弯半径越小,汽车的机动性能越好。转向盘转到极限位置时的转弯半径为最小转弯半径。

11. 整车装备质量

整车装备质量也就是人们常说的一辆汽车的自重。它的规范定义是:汽车在正常条件下准备行驶时的重量(油箱装有90%的燃油)+随车附件(备胎、随车工具等)的重量+驾驶员体重(68千克)以及行李的重量(7千克)。

汽车的整车装备质量还是影响汽车油耗的一个重要参数。车辆的耗油量与整车装备质量成正比关系,即整车装备质量越大,汽车越耗油。例如,一辆小型车整车装备质量每增加

项目一 汽车底盘的认知

40千克,就要多耗1%的燃油。

12. 最大总质量

最大总质量是指汽车装备齐全,并按规定装满客(包括驾驶员)、货时的重量。有时人们还把它称为"厂家最大总质量"和"允许最大总质量"。这两个概念是有区别的,前者是由汽车制造厂根据特定的使用条件,考虑到材料的强度、轮胎承载能力等因素核定出的,后者则是由主管部门根据汽车的使用条件规定的。

任务实施

一、任务准备

1. 工作准备

洁具:准备□ 清洁□

毛巾:准备□ 清洁□

逃生门:位置明确□ 通道畅通□

灭火器:红色□ 黄色□ 绿色□ 处理意见:

5S:整理□ 整顿□ 清洁□ 清扫□ 素养□

2. 测量实训车辆桑塔纳2000各项底盘参数所做准备工作

钢卷尺□ 钢直尺□ 车轮挡块□ 胎压表□ 指认工具□ 毛巾□ 记录表□

工具及辅料已备齐□ 工具及辅料不齐□ 差欠:

3. 实训安排

(1) 分组:班级按3人1小组,划分成多个小组。

(2) 每组分工:3人小组中1人发指令,1人操作,1人记录,相互配合完成实训。

(3) 每组时间:每组在15分钟内完成训练。

(4) 实训方式:按每轮2组,共2轮进行轮流训练。

(5) 实训设备:实训中心实训车辆桑塔纳2000。

4. 安全事项

(1) 拉好驻车制动手柄。□

(2) 车轮前后用挡块掩好。□

(3) 桑塔纳2000各系统元器件状态良好。□

二、实施步骤

1. 查找认识

查找汽车四大组成部分:发动机□ 底盘□ 电器设备□ 车身□

查找底盘四大系统:传动系统□ 行驶系统□ 转向系统□ 制动系统□

2. 测量实训车辆桑塔纳2000各项底盘参数

汽车长度□ 汽车高度□ 汽车宽度□

前轮轮距□ 后轮轮距□ 轴距□

最小离地间隙□ 接近角□ 离去角□ 纵向通过角□

3. 通过查看实训车辆配备的维修手册及车身上铭牌获知

整车装备质量□　最大总质量□

三、清洁及整理

整理:所用工量具□

清洁场地:座椅□　地板□　工位场地□　实训车辆□

学后测评

一、填空题

1. 汽车底盘由 _____ 、 _____ 、 _____ 、 _____ 四大系统组成。
2. 轮距是车轮在车辆 _____ （一般就是地面）上留下的轨迹的 _____ 之间的距离。
3. 轴距是通过车辆同一侧 _____ 的中点,并垂直于车辆 _____ 的两条垂线之间的距离。
4. 最大总质量是指汽车 _____ ,并按规定装满 _____ 、 _____ 时的重量。

二、简答题

1. 简述汽车底盘的作用。

2. 汽车轴距长短对汽车行驶有何影响?

3. 整车装备质量的定义是什么？对汽车有何影响？

任务二　汽车驱动方式的认知

任务目标

- 认知底盘的布置形式。
- 认知底盘的驱动类型。

任务导入

学习汽车的驱动方式,对照实训车辆桑塔纳 2000 车型进行认知。

必备知识

汽车驱动方式是指发动机的布置方式以及驱动轮的数量、位置的形式。

现在乘用车的驱动方式有前置前驱、前置后驱、前置四驱、中置后驱、中置四驱、后置后驱和后置四驱。

1. 前置前驱

前置前驱即发动机前置、前轮驱动(图1-2)。这是绝大多数轿车普遍采用的驱动方式，但货车和大客车基本上不采用该方式。这种布置形式目前主要在发动机排量为2.5 L以下的乘用车上得到广泛应用。

图1-2 前置前驱

前置前驱汽车的布局一般都是将发动机横向布置，与设计紧凑的变速驱动桥相连。

优点：省略了传动轴装置，减轻了车重，结构比较紧凑；有效地利用了发动机舱的空间，使驾驶室内空间更为宽敞，并有利于降低地板高度，增强乘坐舒适性；发动机靠近驱动轮，动力传递效率高，燃油经济性好；发动机等总成前置，增加前轴的负荷，增强了汽车高速行驶时的操纵稳定性和制动时的方向稳定性；简化了后悬架系统；汽车在积雪或易滑路面上行驶时，靠前轮牵拉车身，有利于保证方向稳定性；汽车散热器布置在汽车前部，散热条件好，发动机可得到足够的冷却；行李箱布置在汽车后部，所以有足够大的空间。

缺点：车辆在启动、加速或爬坡时，前轮负荷减少，导致牵引力减弱；前桥既是转向桥，又是驱动桥，结构及工艺复杂，制造成本高，维修保养困难；前桥负荷较后轴重，并且前轮又是转向轮，故前轮工作条件恶劣，轮胎寿命短；前轮驱动并转向需要等速万向节，其机构和制造工艺较为复杂；一旦发生正面碰撞事故，因发动机及附件损失较大，维修费用高。

2. 前置后驱

前置后驱即发动机前置、后轮驱动(图1-3)。这是一种最传统的驱动方式。国内外大多数货车、部分轿车(尤其是高级轿车)和部分客车都采用这种驱动方式，但采用该方式的小型车则很少。

优点：车辆在良好的路面上启动、加速或爬坡时，驱动轮的负荷增大(即驱动轮的附着压力增大)，因此牵引性能比前置前驱的优越；轴荷分配比较均匀，因而具有良好的操纵稳定性和行驶平顺性，并有利于延长轮胎的使用寿命；发动机、离合器和变速器等总成临近驾驶室，

图 1-3 前置后驱

简化了操纵机构的布置;转向轮是从动轮,转向结构简单,便于维修。

缺点:由于采用传动轴装置,不仅车重增加,而且动力传动系统的传动效率降低,影响了燃油经济性;纵置发动机、变速箱和传动轴等总成的布置,使驾驶室空间减小,影响乘坐舒适性;后排地板中央有突起;车辆在雪地或易滑路面上启动加速时,后轮推动车身,易发生甩尾现象。

3. 前置四驱

前置四驱是指汽车发动机前置、四轮驱动,多用于高性能轿车或者 SUV(图 1-4)。用在轿车上时优点就是操控性更强,而用在越野车上时优点则是通过性更强。

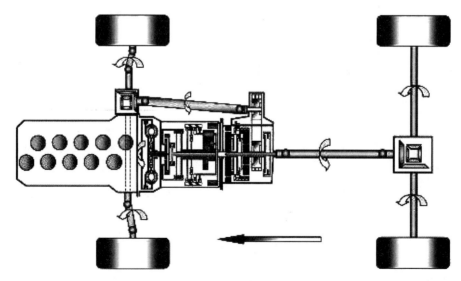

图 1-4 前置四驱

4. 中置后驱

中置后驱即发动机中置、后轮驱动。发动机被置于座椅之后、后轴之前。大多数高性能跑车和超级跑车都采用这种方式。

优点:可获得最佳的轴荷分配,操纵稳定性和行驶平顺性较好;发动机临近驱动桥,无需传动轴,从而减轻车重,具有较高的传动效率;重量集中,车身平摆方向的惯性力矩小,转弯时转向盘操作灵敏。

缺点:发动机的布置占据了车厢和行李厢的一部分空间,因此,通常车厢内只能安放2个座椅;对发动机的隔音和绝热效果差,乘坐舒适性有所减弱。

5. 中置四驱

中置四驱即发动机中置、四轮驱动。与中置后驱一样,高性能跑车和超级跑车都采用这种方式。不过相比中置后驱,中置四驱的操控性以及过弯极限性能更强。

6. 后置后驱

后置后驱即发动机后置、后轮驱动,是目前大、中型客车普遍采用的布置方式,而现代乘用车采用后置发动机的很少。

应用在乘用车上时,后置发动机可以说是没有任何优点。由于后部的重量过大,在快速过弯时,后轮的负担很大,因此一旦后轮因为速度过快或者路况较差等原因打滑,就会失控,导致车辆无法保持既定运行轨迹。

7. 后置四驱

后置四驱即发动机后置、四轮驱动。目前采用后置四驱的乘用车较少。

任务实施

一、任务准备

1. 工作准备

洁具:准备□　清洁□

毛巾:准备□　清洁□

逃生门:位置明确□　通道畅通□

灭火器:红色□　黄色□　绿色□　处理意见:

5S:整理□　整顿□　清洁□　清扫□　素养□

2. 工具准备

车辆模型□　挂图□　指认工具□　车轮挡块□　毛巾□　记录表□

实训工具已备齐□　工具不齐□　差欠:

3. 实训安排

(1)分组:班级按3人1小组,划分成多个小组。

(2)每组分工:3人小组中1人发指令,1人操作,1人记录,相互配合完成实训。

(3)每组时间:每组在15分钟内完成训练。

(4)实训方式:按每轮2组,共2轮进行轮流训练。

(5)实训设备:实训中心实训车辆桑塔纳2000型轿车,中兴SUV教练车,北京现代胜达2.7L V6四驱旗舰版,2017款迈腾1.8T豪华版,底盘实训台架两台。

4. 安全事项

(1)拉好驻车制动手柄。□

(2) 车轮前后用挡块掩好。☐

(3) 底盘实训台部件齐全稳固。☐

二、实施步骤

1. 查找并认知各实训车辆的驱动形式

(1) 桑塔纳 2000。

(2) 中兴 SUV。

(3) 北京现代胜达 2.7L V6 四驱旗舰版。

(4) 2017 款迈腾 1.8T 豪华版。

2. 查找并认知实训台架上的各个部件

(1) 发动机。

(2) 离合器。

(3) 变速器。

(4) 分动器。

(5) 前驱动桥。

(6) 后驱动桥。

三、清洁及整理

整理:所用工量具☐

清洁场地:座椅☐   地板☐   工位场地☐   实训车辆☐

学后测评

一、填空题

1. 所谓驱动方式,是指_____以及_____的形式。

2. 现在乘用车的驱动方式有:_____、_____、_____、_____、_____、_____、_____。

3. 中置后驱即发动机中置、后轮驱动。发动机被置于_____。大多数_____和_____都采用这种方式。

4. 后置后驱即发动机后置、后轮驱动,是目前_____普遍采用的布置方式。

5. 前置前驱即发动机前置、前轮驱动。这是_____普遍采用的驱动方式,但_____不采用该方式。

二、简答题

1. 说出采用前置后驱布置方式车辆的特点。

2. 结合所学,说出你身边常见车型的底盘布置方式和驱动方式。

项目二 汽车传动系统的认知与维修

项目描述

发动机可将热能转换成机械能,并通过曲轴输出。即发动机输出的动力需要经过一系列的动力传递装置才能到达驱动车轮。发动机到驱动轮之间的动力传递机构称为汽车的传动系统。熟悉汽车底盘结构,掌握汽车底盘各系统的工作原理,是学习汽车底盘并对底盘各系统及组成部件进行拆装检修的基础。

学习目标

1. 知识目标

(1) 掌握传动系统各部件的结构组成、作用及各组成部分的安装位置。
(2) 掌握传动系统各部件的工作原理。

2. 技能目标

(1) 能对汽车传动系统各组成部件进行指认和识别。
(2) 能正确拆装汽车传动系统各组成部件。
(3) 能对汽车传动系统各组成部件进行检修。

任务一 离合器结构的认知与检修

任务目标

- 掌握离合器的功用、类型及组成。
- 掌握膜片弹簧式离合器的结构、工作原理和检修方法。
- 掌握离合器操纵机构的调整方法。

任务导入

了解汽车离合器的组成和作用,对照膜片弹簧式离合器进行具体结构认知,掌握离合器的检修和调整方法。

必备知识

汽车发动机的结构和工作原理,汽车底盘传动系统的结构,汽车总体结构。

目标一　离合器的认知

一、离合器的作用

(1) 使发动机与传动系统逐渐接合,保证汽车平稳起步。
(2) 暂时切断发动机的动力传动,保证变速器换挡平顺。
(3) 限制所传递的转矩,防止传动系统过载。

有了离合器,即使在紧急制动时驾驶员来不及分开离合器,由于离合器的主、从动部分间的摩擦只能传递一定大小的扭矩(约为发动机输出额定扭矩的 1.4~2 倍),当惯性力矩超过此数值时,离合器打滑,也能消除传动系统过载的可能。因此,离合器可限制传动系统承受的最大扭矩,同时可防止传动系统过载。

二、离合器的性能要求

(1) 具有合适的储备能力,既能保证可靠地传递发动机的最大转矩,又能防止传动系统过载。
(2) 保证发动机与传动系统接合平顺、柔和。
(3) 分离迅速彻底,便于换挡和发动机启动。
(4) 从动部分的转动惯量要尽可能小,以减少换挡时齿轮的冲击。
(5) 具有良好的热稳定性,保证离合器工作可靠。
(6) 操纵轻便,以减轻驾驶员的疲劳。

三、离合器的类型

(1) 按从动盘数目,离合器可分为单片、双片和多片式。
(2) 按压紧弹簧的形式和布置形式,离合器可分为周布螺旋弹簧式、中央螺旋弹簧式、膜片弹簧式和斜置弹簧式。
(3) 按操纵机构,离合器可分为机械式、液压式、气压助力式和真空助力式。

四、离合器的基本组成

离合器由主动部分、从动部分、压紧装置、分离机构和操纵机构五部分组成。离合器的结构如图 2-1 所示。

1. 主动部分

主动部分随发动机一起旋转,由飞轮、离合器盖和压盘组成。

2. 从动部分

从动部分为带有扭转减震器的从动盘组件,一般简称为从动盘。

项目二　汽车传动系统的认知与维修

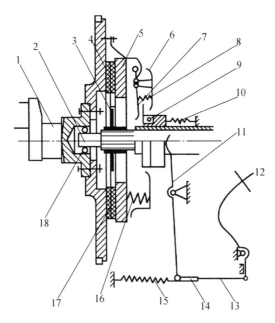

1—曲轴；2—从动轴；3—从动盘；4—飞轮；5—压盘；6—离合器盖；7—分离杠杆；8—弹簧；9—分离轴承；10、15—复位弹簧；11—分离叉；12—踏板；13—拉杆；14—拉杆调节叉；16—压紧弹簧；17—从动盘；18—轴承

图 2-1　离合器的结构

3. 压紧装置
压紧装置由螺旋弹簧（膜片弹簧）、压盘组成。

4. 分离机构
分离机构由分离叉、分离轴承和分离杠杆组成。

5. 操纵机构
操纵机构有机械式和液压式两种。

五、离合器的工作原理

1. 离合器接合时的工作
在接合状态时，弹簧将压盘、飞轮及从动盘压紧，发动机的转矩经飞轮及压盘通过摩擦面的摩擦力矩传至从动盘，再经变速器输出，如图 2-2 所示。

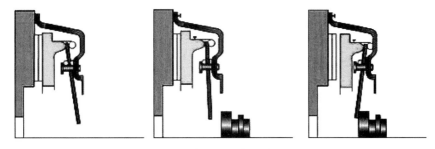

图 2-2　离合器接合时的工作

2. 离合器分离时的工作
当驾驶员踩下踏板时，通过联动件使分离轴承前移，压在分离杠杆上，压盘产生一个向

后的拉力。当拉力大于压紧弹簧的弹力时,从动盘与飞轮、压盘脱离接触,发动机则停止向变速器输出动力。如图2-3所示。

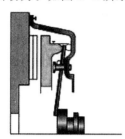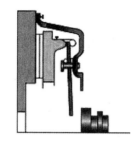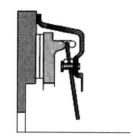

图2-3 离合器分离时的工作

3. 汽车起步时的工作

需要恢复动力传递时,缓慢抬起离合器踏板可使分离轴承减小对分离杠杆内端的压力。此时压盘在压紧弹簧的作用下逐渐压紧从动盘,并使所传递的扭矩逐渐增大。

六、离合器的自由间隙和踏板自由行程

1. 离合器的自由间隙

离合器在正常接合状态下时,分离杠杆内端与分离轴承之间有一定间隙,一般为几毫米。

2. 踏板自由行程

自由间隙反映到离合器踏板上,使踏板产生一个空行程。这个空行程称为踏板自由行程(图2-4)。改变分离拉杆的长度,可调整踏板自由行程。

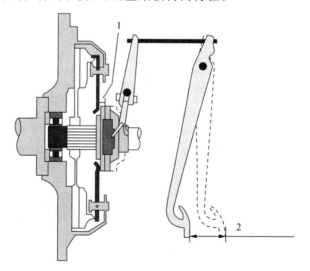

1—离合器的自由间隙;2—离合器踏板自由行程

图2-4 离合器的自由间隙和踏板自由行程

七、操纵机构

1. 操纵机构

操纵机构是指可使离合器分离,而后又使之柔和接合的一套机构。

2. 操纵机构的种类

（1）机械式操纵机构。

机械式操纵机构由踏板、回位弹簧、拉杆调节叉、分离叉、分离轴承等组成。机械式操纵机构的结构示意图如图 2-5 所示。

机械式操纵机构结构简单，工作可靠，但杠杆间的铰接多，中间磨损大。

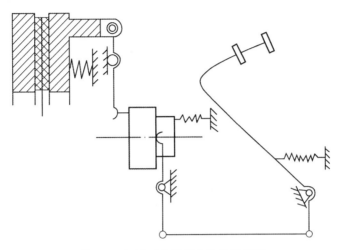

图 2-5　机械式操纵机构结构示意图

（2）液压式操纵机构。

液压式操纵机构由踏板、主缸、储液罐、工作缸、分离板、分离轴承、助力弹簧及管路系统等组成（图 2-6）。

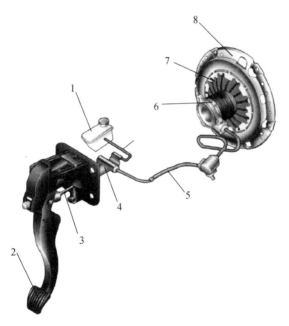

1—储液罐；2—离合器踏板；3—推杆；4—主缸；5—高压油管；6—工作缸；7—主磨片弹簧；8—离合器盖

图 2-6　液压式操纵机构结构

当驾驶员踩下离合器踏板时,活塞左移,在压缩回位弹簧的同时放松阀杆,锥形回位弹簧使杆端阀门压紧在主缸的前端,将主缸与储油罐之间的通孔密封。驾驶员继续踩下离合器踏板,则在活塞及皮圈的作用下,主缸内压力上升,油液便通过管路输向工作缸。工作缸内压力升高,推动活塞和推杆移动,使分离叉工作。

液压式操纵机构具有摩擦阻力小、重量轻、操纵轻便、接合柔和、布置方便、不受车身车架变形的影响等优点。另外,由于采用了吊挂式踏板,加强了车身内的密封性,因此其应用较为广泛。

八、典型离合器构造——桑塔纳 2000 型轿车离合器

1. 离合器的总体结构

桑塔纳 2000 型轿车离合器采用单片、干式、膜片弹簧离合器,如图 2-7 和图 2-8 所示,主要由离合器盖、压盘、从动盘、膜片弹簧、分离轴承、分离套筒、分离叉轴、离合器拉索等零件组成。

2. 膜片弹簧

膜片弹簧用优质弹簧钢薄板制成,形状为碟形,开有径向切槽。切槽内端开通,外端为圆孔,形成多个弹性杠杆。膜片弹簧既是压紧杠杆,又是分离杠杆,简化了离合器的结构。膜片弹簧的弹性比较特殊,分离时的压力小于接合时的压力,因而具有操纵轻便的特点。当摩擦片磨损变薄使弹簧伸长时,膜片弹簧压紧力几乎不变,且压紧力几乎与转速无关。因此,膜片弹簧式离合器具有自动调节压紧力、高速时压紧力稳定的特点。

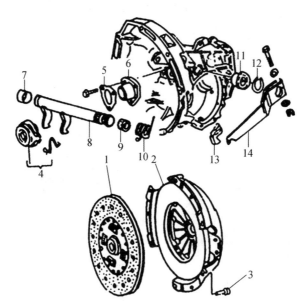

1—离合器从动盘;2—离合器压盘组件;3—螺栓;4—分离轴承组件;5—衬套;6—分离轴承导向套;
7—衬套;8—分离叉轴;9—防尘套;10—复位弹簧;11—衬套座;12—垫圈;13—护套;14—分离杠杆

图 2-7 离合器结构图(一)

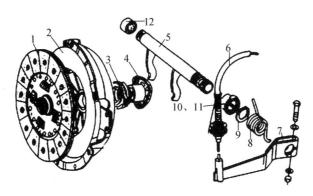

1—离合器从动盘；2—膜片弹簧与压盘；3—分离轴承；4—分离套筒；5—分离轴；6—拉索；
7—传动杆；8—弹簧；9—卡簧；10、11—轴承套及密封件；12—黄铜衬套

图 2-8 离合器结构图(二)

3. 压紧装置

压紧装置由离合器盖、主动压盘、膜片弹簧、支撑定位铆钉、分离钩及传动钢片等组成，如图 2-9 所示。传动钢片共三组，均布于压盘周围，其两端分别与离合器盖和压盘连接。

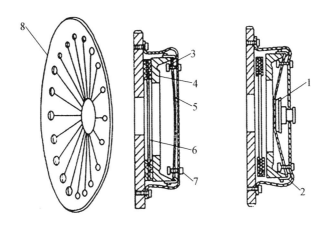

1—分离钩(回位弹簧片)；2—分离轴承；3—支撑环；4—主动(压)盘；5—膜片弹簧；
6—从动盘；7—支撑定位螺钉(铆钉)；8—膜片弹簧立体图形

图 2-9 压盘结构组成

4. 操纵机构

机械拉索式分离装置主要由分离轴承、分离轴、分离轴传动杆、离合器拉索等零部件组成，如图 2-10 所示。当驾驶员踩下离合器踏板时，踏板上端拉动离合器拉索，使分离轴承传动杆顺时针转动，同时带动分离轴顺时针转动，使分离拨叉推动分离轴承，压迫膜片弹簧，令离合器分离。

液压式操纵机构主要由主缸、工作缸及管路等组成，如图 2-11 所示。它具有阻力小、质量小、接合柔和等优点，且无须调整踏板自由行程。液压式操纵机构利用液体传递操纵力矩，具有摩擦阻力小、质量轻、操纵轻便、接合柔和、布置方便、不受车身与车架变形的影响等优点，采用吊挂式踏板，增强了车身内的密封性，因此，其应用日益广泛。

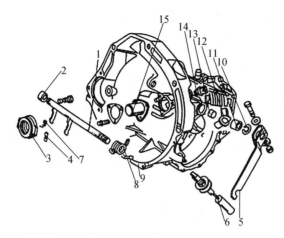

1—分离轴；2—轴承衬套；3—分离轴承；4—夹子；5—分离轴传动杆；6—离合器拉索；
7—支承弹簧；8—回位弹簧；9—变速箱罩壳；10—挡圈；11—橡皮防尘套；
12—轴承衬套；13—轴承；14—上止点信号发生器测试孔塞子；15—导向套筒

图 2-10 机械拉索式分离装置

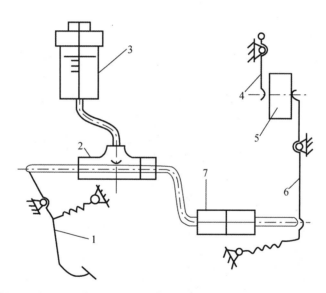

1—踏板；2—主缸；3—储液室；4—分离杠杆；5—分离轴承；6—分离叉；7—工作缸

图 2-11 液压式操纵机构

任务实施

一、任务准备

1. 工作准备

洁具：准备□ 清洁□

毛巾：准备□ 清洁□

逃生门：位置明确□ 通道畅通□

灭火器:红色□ 黄色□ 绿色□ 处理意见:

5S:整理□ 整顿□ 清洁□ 清扫□ 素养□

2. 工具准备

扳钳□ 活动扳手□ 尖嘴钳□ 开口扳手□ 梅花扳手□ 平口起子□ 梅花起子□ 车轮挡块□ 手电筒□ 纱布□ 毛巾□ 记录表□ 从动盘定心轴□ 工具及辅料已备齐□ 差欠:

3. 实训安排

(1) 分组:班级按3人1小组,划分成多个小组。

(2) 每组分工:3人小组中1人发指令,1人操作,1人记录,相互配合完成实训。

(3) 每组时间:每组在18分钟内完成训练。

(4) 实训方式:按每轮2组,共2轮进行轮流训练。

(5) 实训设备:实训中心车辆或离合器总成台架及齐全的散件实训台。

4. 安全事项

(1) 拉好驻车制动手柄。□

(2) 车轮前后用挡块掩好。□

(3) 离合器实训操作台稳固,部件齐全。□

二、实施步骤

实施步骤如表2-1所示。

表2-1 实施步骤

结构	图解	操作方法和要求	完成确认
离合器盖		正确识别离合器盖,了解离合器盖的结构、作用及技术要求	
压盘		正确识别压盘,了解压盘的结构、作用及技术要求	

续表

结构	图解	操作方法和要求	完成确认
飞轮		正确识别飞轮,了解飞轮的结构、作用及技术要求	
从动盘		正确识别从动盘,了解从动盘的结构、作用及技术要求	
膜片弹簧		正确识别膜片弹簧,了解膜片弹簧的结构、作用及技术要求	
离合器总成		正确识别离合器总成,了解离合器总成的组成、各组成部件的装配关系以及离合器总成的作用及技术要求	

三、清洁及整理

整理：所用工量具□

清洁场地：座椅□　地板□　工作台□　零件盘□　工位场地□

学后测评

一、填空题

1. 离合器按压紧弹簧的形式和布置形式可分为_____式、_____式、_____式、_____式。
2. 离合器操纵机构有_____和_____两种。
3. 膜片弹簧既是_____，又是_____。

二、选择题

1. 离合器的主动部分包括（　　）。
   A. 飞轮　　　　B. 离合器盖　　　　C. 牙压盘　　　　D. 摩擦片
2. 离合器的从动部分包括（　　）。
   A. 离合器盖　　B. 压盘　　　　　　C. 从动盘　　　　D. 压紧弹簧
3. 膜片弹簧式离合器的膜片弹簧起到（　　）的作用。
   A. 压紧弹簧　　B. 分离杠杆　　　　C. 从动盘　　　　D. 主动盘
4. 离合器分离轴承与分离杠杆之间的间隙是为了（　　）。
   A. 实现离合器踏板的自由行程
   B. 减轻从动盘磨损
   C. 防止热膨胀失效
   D. 保证摩擦片正常磨损后离合器不失效

三、简答题

1. 离合器的作用是什么？离合器有哪些要求？

2. 膜片弹簧式离合器的结构有什么特点？

目标二 离合器故障的检修

一、离合器打滑

1. 故障现象

汽车低挡不能起步或起步慢；加速行驶时，汽车行驶速度与加速踏板不同步，汽车响应慢、上坡无力、油耗大等，且离合器发热，产生焦味或冒烟等现象；拉紧驻车制动器，低挡起步时，发动机不熄火。

2. 故障原因

（1）驾驶员驾驶操作时，经常不完全放开离合器踏板，过多使用半脚离合器，超载运行，爬陡坡等。

（2）分离机构无间隙，分离叉无游动余量，离合器踏板无自由行程，分离轴承顶压分离杠杆，使离合器不能完全接合。

（3）分离轴承轴向运动发卡而不能回位。

（4）从动片沾油、烧焦碳化、磨损过多、破损、表面不平、表面硬化或铆钉头露出。

（5）压紧弹簧破损、弹力减弱，膜片弹簧与分离轴承接触部位或分离杠杆内端跳动过大。

3. 故障判断与排除

（1）启动发动机，拉紧驻车制动器，挂上低速挡，缓慢放松离合器踏板并徐徐踏下加速踏板后，若汽车不动，发动机仍继续运转而不熄火，则说明离合器打滑。

（2）检查离合器踏板自由行程。如发现自由行程不符合规定，应予以调整。

（3）若认为自由行程正常，应拆下离合器底盖，检查离合器与飞轮连接螺钉是否松动，如发现松动应拧紧；如发现未松动应检查摩擦片是否磨损过度，有无油污、硬化等，并视情况更换或修复。

（4）经上诉检查排除后如发现离合器仍打滑，就应拆下离合器，检查压紧弹簧。

二、离合器分离不彻底

1. 故障现象

在发动机怠速运转时，驾驶员踩下离合器踏板，难以挂挡，且能听到齿轮撞击声。换挡后，离合器踏板还没有完全抬起，汽车就起步或发动机就熄火。

2. 故障原因

（1）离合器踏板自由行程太大。

（2）液压式操纵机构漏油、油量不足或油液中混有空气。

（3）分离杠杆（膜片弹簧）变形，内端不在同一平面上或某一分离杠杆折断。

（4）从动盘变形、破裂，铆钉松动或从动盘装反。

（5）从动盘花键磨损，轴向运动卡滞。

（6）压紧弹簧折断或弹力不均匀。

3. 故障判断与排除

（1）检查离合器踏板自由行程，如发现自由行程过大，则需要重新调整。

(2) 对于液压式操纵机构,应检查系统是否漏油,主缸、工作缸工作是否正常,工作行程是否合乎要求,并为系统放气。

(3) 检查分离杠杆高低是否一致及分离杠杆支架螺栓是否松动,必要时进行调整或拧紧。

(4) 对于双片式离合器,应检查调整限位螺钉与中间主动盘的间隙,若发现间隙不符合要求,应进行调整。调整方法是:把限位螺钉拧到底,使其抵住中间主动盘,然后再退回 2/3~5/6 圈(限位螺栓与锁片间发出 4~5 响)。

三、离合器异响

1. 故障现象

离合器在分离和接合时,发出不正常声响;发动机怠速运转,变速器置于空挡,驻车制动器被拉紧,离合器踏板被踩下后放松时,离合器有异常声响。

2. 故障原因

(1) 分离杠杆与离合器盖连接松旷或分离杠杆支撑弹簧疲劳、折断或脱落。

(2) 分离轴承与分离杠杆内端之间没有间隙。

(3) 分离轴承损坏或润滑不良,出现干摩擦。

(4) 从动盘花键孔与轴配合松旷。

(5) 从动盘铆钉松动或露头。

(6) 飞轮上的传动销与压盘上的传力孔或离合器盖上的驱动孔与压盘上的凸块配合间隙太大。

3. 故障判断与排除

(1) 检查操纵机构是否正常。若发现发动机一启动就有响声,踩下离合器踏板时响声消失,放松踏板时踏板不能彻底回位,则可认为回位弹簧过软;若发现放松踏板时踏板回位正常,则可认为分离套筒回位弹簧折断或脱落。此时更换或装复回位弹簧即可。

(2) 稍稍踩下离合器踏板,若当分离杠杆(膜片弹簧)与分离轴承一接触时就听到异响,抬起踏板后听不到响声,则可判断为分离轴承。检查分离轴承,必要时更换分离轴承。

(3) 踩下、放松离合器踏板时,如听见间断的碰击声(为分离轴承前后滑动响声),则应检查分离轴承复位弹簧,如发现弹簧失效,应更换弹簧。

(4) 将踏板踩到底时能听见响声,放松踏板时听不见响声,则可判断为离合器传动销与销孔磨损松旷。检查传动销的磨损,如发现磨损过大,应更换。

(5) 连续踩踏板,在离合器刚接触或分开时听见响声,应检查分离杠杆或支架销与孔磨损是否松旷,铆钉是否松动和摩擦片铆钉是否外露,如是则应更换相应元件。

四、起步时抖动

1. 故障现象

汽车起步时,在离合器接合时产生抖动,甚至整个汽车都发抖,不能平稳起步。

2. 故障原因

(1) 分离杠杆内端高度不在同一平面。

(2) 压盘或从动盘钢片翘曲变形。

(3) 从动摩擦片表面不平、硬化、有油污或烧焦,铆钉露头、松脱或折断。

(4) 从动盘上的减震弹簧疲劳或折断,缓冲片破裂。

(5) 分离轴承发卡而不能回位。

(6) 离合器压紧弹簧折断或弹力不均,膜片弹簧疲劳或破裂。

(7) 踏板复位弹簧折断或脱落。

3. 故障判断与排除

(1) 让发动机怠速运转,挂上低速挡,慢慢放松离合器踏板并加大节气门开度起步,如发现车身有明显抖动,则可判断为离合器发抖。

(2) 检查变速器与飞轮壳、离合器盖飞轮固定螺钉是否松动,如发现有松动则应紧固;如发现正常,则应检查分离杠杆高度。

(3) 拆开离合器盖,测量各分离杠杆高度是否一致,如发现不一致,则应调整。

(4) 分别检查压盘、从动盘是否变形、起槽,如发现变形、起槽,则应更换。检查从动盘铆钉是否松动,各压紧弹簧的弹力是否在允许范围之内,如发现不符合要求,应做相应处理。

(5) 检查花键毂与第一轴花键是否锈蚀、积污,若发现锈蚀、积污,则应予以清除。

(6) 更换磨损和变形严重的零件。

(7) 紧固松动零件,清除发卡现象。

一、任务准备

1. 工作准备

洁具:准备☐ 清洁☐

毛巾:准备☐ 清洁☐

逃生门:位置明确☐ 通道畅通☐

灭火器:红色☐ 黄色☐ 绿色☐ 处理意见:

5S:整理☐ 整顿☐ 清洁☐ 清扫☐ 素养☐

2. 工具准备

扳钳☐ 活动扳手☐ 尖嘴钳☐ 开口扳手☐ 梅花扳手☐ 平口起子☐

梅花起子☐ 车轮挡块☐ 手电筒☐ 纱布☐ 毛巾☐ 记录表☐

从动盘定心轴☐ 工具及辅料已备齐☐ 差欠:

3. 实训安排

(1) 分组:班级按3人1小组,划分成多个小组。

(2) 每组分工:3人小组中1人发指令,1人操作,1人记录,相互配合完成实训。

(3) 每组时间:每组在18分钟内完成训练。

(4) 实训方式:按每轮2组,共2轮进行轮流训练。

(5) 实训设备:实训中心车辆或离合器总成台架及齐全的散件实训台。

4. 安全事项

(1) 拉好驻车制动手柄。☐

（2）车轮前后用挡块掩好。□

（3）离合器实训操作台稳固，部件齐全。□

二、实施步骤

实施步骤如表 2-2 所示。

表 2-2 实施步骤

操作内容	图解	操作方法和要求	完成确认
测量摩擦衬片厚度		摩擦衬片厚度应符合规定要求。如发现厚度小于规定值，或出现衬片龟裂、铆钉松动及磨损不均等现象，应及时更换摩擦衬片	
测量摩擦衬片铆钉头深度	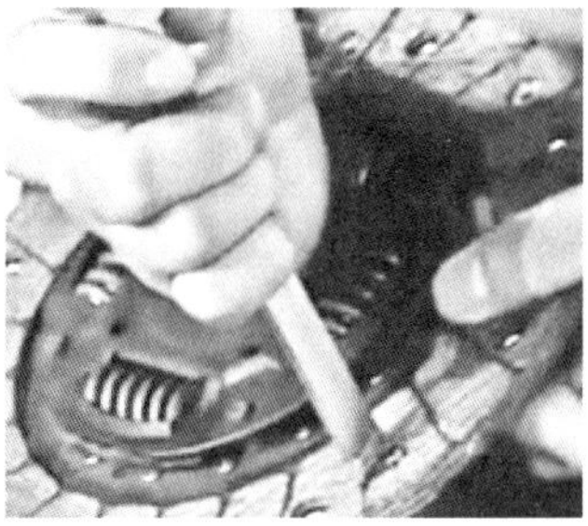	铆钉头应低于摩擦衬片工作表面 0.5 mm	
测量摩擦衬片端面圆跳动	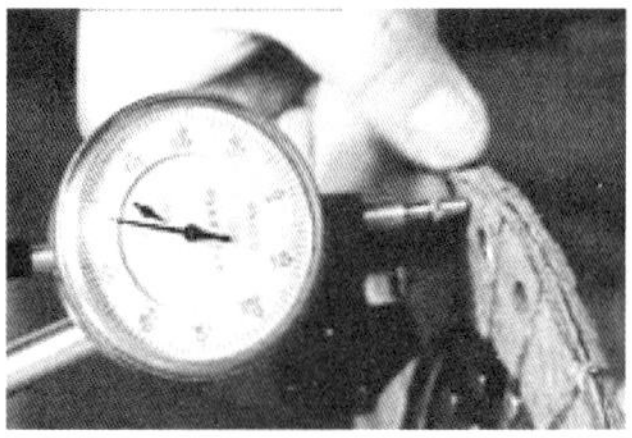	用百分表测量摩擦衬片端面圆跳动	
检查扭转减震器		检查扭转减震器的弹簧有无折断，铆钉有无松动	

续表

操作内容	图解	操作方法和要求	完成确认
检查压盘端面圆跳动		用百分表测量压盘端面圆跳动	
检查离合器盖	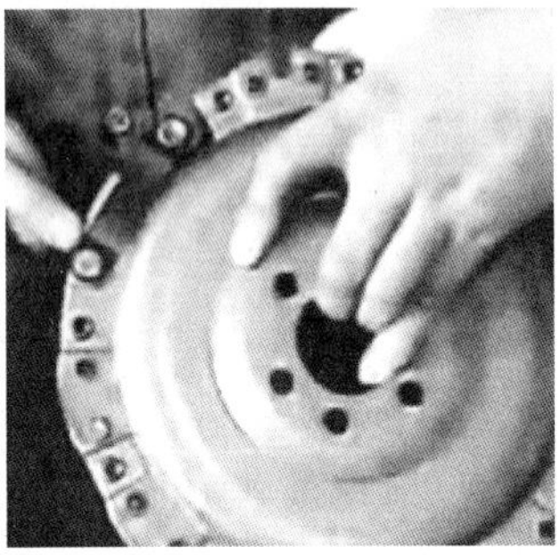	检查离合器盖有无变形、裂纹,若有,应更换	

三、清洁及整理

整理:所用工量具□

清洁场地:座椅□　　地板□　　工作台□　　零件盘□　　工位场地□

学后测评

一、填空题

1. 启动发动机,拉紧驻车制动器,挂上低速挡,缓慢放松离合器踏板并徐徐踏下加速踏板后,若汽车不动,发动机仍_____,则说明离合器打滑。

2. 检查离合器踏板自由行程,如发现自由行程_____,则需要重新调整。

3. 若发现发动机一启动就有响声,踏下离合器踏板时响声消失,放松踏板时踏板不能彻底回位,则可认为_____。

4. 让发动机怠速运转,挂上低速挡,慢慢放松离合器踏板并加大节气门开度起步,如发现车身有明显抖动,则可判断为_____。

二、简答题

1. 简述离合器打滑的原因。

2. 简述离合器分离不彻底的现象。

任务二　变速器结构的认知与检修

任务目标

- 掌握变速器的功用、类型及组成。
- 掌握变速器的结构、工作原理。
- 掌握变速器的检修方法。

任务导入

了解变速器的组成和作用,掌握变速器的检修方法。

必备知识

汽车发动机的结构和工作原理,汽车底盘传动系统的结构,汽车总体结构。

目标一　变速器结构的认知

一、变速器的功用和分类

1. 变速器的功用

(1) 实现变速变矩。变速器可扩大发动机转速和转矩的变化范围,以满足不同工况的要求。

(2) 实现汽车倒驶。利用变速器的倒挡可以保证在发动机旋转方向不变的情况下实现车辆的倒向行驶。

(3) 必要时中断传动。发动机只能在无负荷情况下起动,而且起动后转速必须保持在最低稳定转速以上,所以在汽车起步以前,发动机与驱动轮之间的传动路线必须被切断。

(4) 实现动力输出,驱动其他机构。如有需要,变速器可作为动力输出器,驱动其他机构,如自卸车的液压举升装置等。

2. 变速器的类型

(1) 按传动比变化方式分类。

① 有级变速器。有级变速器采用齿轮传动,具有若干个定值传动比。

② 无级变速器。无级变速器的传动比在一定范围内可连续地变化。常见的有电力式、

液力式及机械式。

③ 综合式变速器。综合式变速器是由液力变矩器和齿轮式有级变速器组成的液力机械式变速器,目前应用得较多。

(2) 按操纵方式分类。

① 手动变速器。手动变速器靠驾驶员直接操纵变速杆进行换挡。这种变速器的换挡机构简单、工作可靠并且经济省油。

② 自动变速器。所谓"自动",是指变速器借助反映发动机负荷和车速的信号系统来控制换挡。驾驶员只需操纵加速踏板和制动装置来控制车速。此种方式操作简便,目前运用得较多。

③ 半自动操纵式变速器。此种变速器有两种形式:一种是几个常用挡位可自动操纵,其余几个挡位由驾驶员操纵;另一种是预选式的,即驾驶员先用按钮选定挡位,在踩下离合器踏板或松开加速踏板时,接通自动控制和执行机构进行自动换挡。

二、普通齿轮变速器的工作原理

1. 变速变矩原理

普通齿轮变速器是利用不同齿数的齿轮啮合传动实现转速和转矩改变的。

如图 2-12 所示,设主动齿轮转速为 n_1,齿数为 z_1,转矩为 M_1;从动齿轮的转速为 n_2,齿数为 z_2,转矩为 M_2。主动齿轮(输入轴)转速与从动齿轮(输出轴)转速之比为传动比($i_{1,2}$),则

$$i_{1,2} = \frac{n_1}{n_2} = \frac{z_2}{z_1},$$

而 $\frac{n_1}{n_2} = \frac{M_2}{M_1}$,故

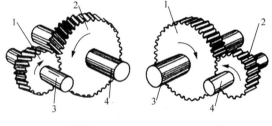

(a) 减速传动　　(b) 增速传动

1—主动齿轮;2—从动齿轮;3—输入轴;4—输出轴

图 2-12　齿轮变速原理

$$i_{1,2} = \frac{n_1}{n_2} = \frac{M_2}{M_1} = \frac{z_2}{z_1}.$$

汽车变速器里有若干个齿轮。不同的搭配会得到不同的传动比。多级齿轮传动比＝所有从动齿轮齿数的连乘积/所有主动齿轮齿数的连乘积。汽车变速器某一挡位的传动比就是指在这一挡位时各挡齿轮传动比的乘积。

当 $i > 1$ 时,此时变速器实现降速增矩,处于低挡位,且 i 越大,挡位越低;当 $i = 1$ 时,变速器处于直接挡;当 $i < 1$ 时,此时变速器实现升速降矩,处于超速挡。

2. 换挡原理

如图 2-13 所示,采用不同齿轮啮合会引起传动比变化,输出轴转速、扭矩发生变化,即挡位改变。当输入轴、输出轴齿轮不与中间轴齿轮啮合时,动力不能传递到输出轴,此时变速器处于空挡。

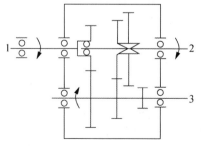

1—输入轴;2—输出轴;3—中间轴

图 2-13　换挡原理

3. 变向原理

如图 2-14 所示,由齿轮传动原理可知,一对相啮合的外齿轮旋向相反,每经过一传动副,其轴改变一次转向。故两轴式变速器在输入轴与输出轴之间加装了一倒挡轴和倒挡齿轮(也称为惰轮),而三轴式变速器则在中间轴与输出轴之间加装了一倒挡轴和倒挡齿轮,这样就可使输出轴转向改变,从而使汽车能倒向行驶。

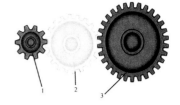

1—主动轮;2—惰轮;3—从动轮

图 2-14　变向原理

三、齿轮变速器的变速传动机构

变速器包括变速传动机构和换挡操纵机构两部分。

变速传动机构是变速器的主体,主要由一系列相互啮合的齿轮副及其支承轴,以及作为基础件的壳体组成。其功用是改变转速、转矩和旋转方向。换挡操纵机构的功用是实现换挡。

按照工作轴数量(不含倒挡轴),变速器可分为三轴式变速器和两轴式变速器。

1. 三轴式五挡变速器

图 2-15 所示为东风 EQ1090E 型汽车变速器的结构图。

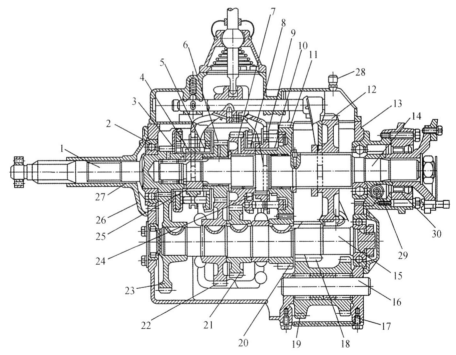

1—第一轴;2—第一轴常啮合齿轮;3—第一轴齿轮接合齿圈;4、9—接合套;5—四挡齿轮接合齿圈;
6—第二轴四挡齿轮;7—第二轴三挡齿轮;8—三挡齿轮接合齿圈;10—二挡齿轮接合齿圈;11—第二轴二挡齿轮;
12—第二轴一挡、倒挡滑动齿轮;13—变速器壳体;14—第二轴;15—中间轴;16—倒挡轴;
17、19—倒挡中间齿轮;18—中间轴一挡齿轮;20—中间轴二挡齿轮;21—中间轴三挡齿轮;22—中间轴四挡齿轮;
23—中间轴常啮合传动系统;24、25—花键毂;26—第一轴轴承盖;27—轴承盖回油螺纹;
28—通气塞;29—车速里程表传动齿轮;30—中央制动器底座

图 2-15　三轴式五挡变速器(东风 EQ1090E)结构组成

(1) 三轴式五挡变速器的结构组成。

① 第一轴。第一轴前端用轴承支撑在曲轴中心孔内,后端由变速器壳体的前壁支撑。

② 中间轴。轴承将中间轴两端支撑在壳体上。

③ 第二轴。第二轴前端插进第一轴后端中心孔轴承内,后端由轴承固定在壳体上。

④ 倒挡轴。两个倒挡中间齿轮制成一体,通过滚针轴承套在倒挡轴上。

(2) 各挡动力传递情况。

① 空挡。操纵变速杆,使各挡同步器接合套处于中间位置,此时动力不传给输出轴。

② 一挡。操纵变速杆,将一挡从动齿轮12左移,与齿轮18相啮合,动力便从第一轴依次经过齿轮2、啮合传动系统23、中间轴15、齿轮18与12经花键传给第二轴。

③ 二挡。操纵变速杆,将接合套9右移,与接合齿圈10接合,动力便由第一轴依次经过齿轮2、啮合传动系统23、中间轴15、齿轮20、齿轮11、接合齿圈10、接合套9和花键毂24传给第二轴。

④ 三挡。操纵变速杆,将接合套9左移,与接合齿圈8接合,动力便由第一轴依次经过齿轮2、啮合传动系统23、中间轴15、齿轮21、齿轮7、接合齿圈8、接合套9和花键毂24传给第二轴。

⑤ 四挡。操纵变速杆,将接合套4右移,使之与接合齿圈5接合,动力便由第一轴依次经过齿轮2、啮合传动系统23、中间轴15、齿轮22、齿轮6、接合齿圈5、接合套4和花键毂25传给第二轴。

⑥ 五挡。操纵变速杆,将接合套4左移,使之与接合齿圈3接合,动力便由第一轴依次经过齿轮2、接合齿圈3、接合套4和花键毂25传给第二轴。

⑦ 倒挡。操纵变速杆,将一挡从动齿轮12右移,与齿轮17相啮合,动力便从第一轴依次经过齿轮2、啮合传动系统23、中间轴15、齿轮18、齿轮19、齿轮17、齿轮12经花键传给第二轴。

2. 两轴式五挡变速器

前置发动机布置形式有纵向布置和横向布置两种形式,所以与其配合的两轴式变速器也对应有两种不同的结构形式。

(1) 发动机前置、纵向布置的两轴式变速器。

当发动机前置、纵向布置时,发动机旋转方向与车轮旋转方向垂直。下面以发动机纵向布置的桑塔纳2000型轿车两轴式变速器为例(图2-16)。

此变速器的变速传动机构有输入轴总成和输出轴总成。两轴平行布置。输入轴也是离合器的从动轴,与离合器从动盘连接。输出轴连接主减速器主动齿轮。该变速器具有五个前进挡和一个倒挡,同步器全部采用锁环式惯性同步器。

(2) 发动机前置、横向布置的两轴式变速器。

当发动机横向布置时,由于输出轴与驱动桥轴线平行,因此变速器配有圆柱斜齿轮主减速器。发动机前置横向布置的两轴式变速器传动示意图如图2-17所示。

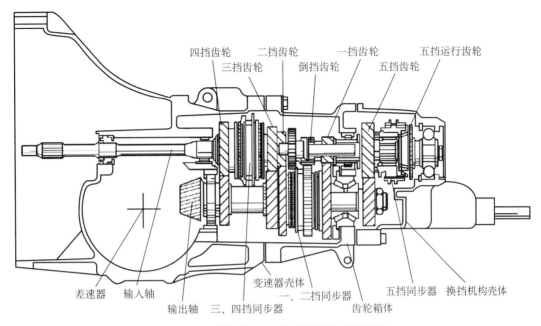

图 2-16 桑塔纳 2000 型轿车两轴式变速器

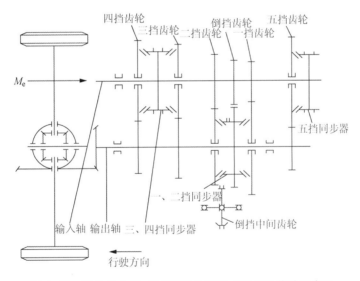

图 2-17 发动机前置、横向布置的两轴式变速器传动示意图

四、同步器

手动变速器的结构内部有一个非常重要的设备,那就是"同步器"。同步器的作用是显而易见的。它是解决在换挡操作中发动机转速与变速箱转速不一致问题的机械装置,可以有效地避免挂不上挡,消除换挡时的齿轮响声等。如果没有同步器,一个慢速旋转的齿轮被强行塞入一个高速旋转的齿轮中,肯定会发生打齿的现象。

同步器是手动变速器换挡最常使用的部件。目前绝大多数变速器都是利用同步器换挡。同步器可使接合套与待啮合的齿圈迅速同步,缩短了换挡时间,克服了换挡冲击,减少了换挡操作步骤和难度。

1. **同步器的分类**

(1) 常压式同步器。

用常压式同步器换挡时,摩擦作用能使需接合的两个花键齿圈迅速地达到并保持同步。并且由于带弹簧的定位销对接合套的阻力,两个齿圈在达到同步之前暂不接合。但在此种同步器中,对接合套的轴向阻力是由弹簧压力造成的,故其大小有限("常压式"的名称即由此而得)。如果驾驶员用力较猛,则可能在未达到同步前,接合套便克服弹簧压力,压下定位销而与齿轮的接合齿圈接触,此时齿间仍将产生冲击。因此常压式同步器不可靠,目前较少被采用。

(2) 惯性式同步器。

惯性式同步器是依靠摩擦作用实现同步的。其上面设有专设机构保证接合套与待接合的花键齿圈在达到同步之前不可能接触,从而避免了齿间冲击。惯性式同步器能够确保同步啮合换挡,目前得到广泛应用。

(3) 惯性增力式同步器。

惯性增力式同步器又称"波尔舍"(Porsehe)同步器。这种同步器与常压式和惯性式同步器一样,也是利用摩擦原理实现同步的,主要区别在于同步环产生的摩擦力矩由于同步环内的弹簧片作用而得到成倍的增长。

2. **惯性式同步器的特点和应用**

(1) 锁环式惯性同步器。

锁环式惯性同步器的特点:同步毂内花键与第二轴外花键配合,用垫圈、卡环轴向定位。滑块被两个弹簧圈的径向力压向接合套,滑块中部的凸起部位嵌入接合。

(2) 锁销式惯性同步器。

锁销式惯性同步器的特点:以锁销代替锁环,锁销中部和接合套上相应的销孔所在两个端面的倒角产生锁止。

(3) 锁环式多锥惯性同步器。

锁环式多锥惯性同步器的特点:在锁环式两个锥面间插入两个辅助同步锥,锥表面的有效摩擦面积成倍增加,同步转矩相应增加,减小换挡力或缩短同步时间。

3. **惯性式同步器的结构与工作原理**

这里以锁环式惯性同步器为例来讲解惯性式同步器的工作原理。

(1) 锁环式惯性同步器的构造。

锁环式惯性同步器的构造如图 2-18 所示。

(2) 锁环式惯性同步器的工作原理。

如图 2-19 所示,锁环式惯性同步器工作时会经历空挡、挂挡、锁止和同步啮合四个过程。

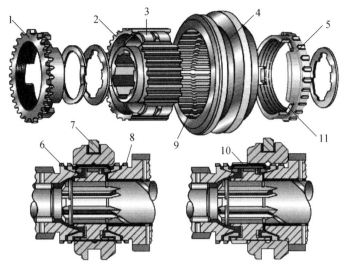

1—锁环；2—花键毂；3—定位滑块；4—结合套；5—锁环；6—齿圈；7—拨叉；8—齿圈；9—定位凹槽；10—定位滑块；11—缺口

图 2-18 锁环式惯性同步器的构造

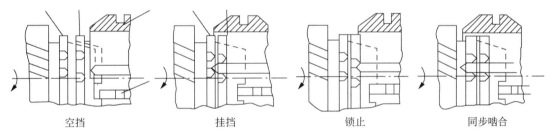

图 2-19 锁环式惯性同步器的四个工作过程

五、变速器操纵机构

1. 变速器操纵机构的功用

变速器操纵机构的功用是保证驾驶员根据使用条件,准确可靠地使变速器挂入所需要的挡位工作,并可随时使之退入空挡。操纵机构由操纵杆、杠杆机构、拉杆、拨叉轴、拨叉、自锁及互锁装置等组成。

2. 对变速器操纵机构的要求

（1）变速器不应自行脱挡或自行挂挡,要保证轮齿以全齿长啮合,即应有自锁装置。

（2）变速器不应同时挂入两个挡位,即应有互锁装置。

（3）变速器不应误挂入倒挡,即应有倒挡锁装置。

分动器挂入低挡工作时,其输出转矩较大。为避免中、后驱动桥超载,分动器必须接上前桥,以分担一部分载荷。因此,分动器必须满足以下操纵原则：非先接上前桥,不得换入低挡;非先退出低挡,不得摘下前桥。

3. 变速器操纵机构的类型

（1）直接操纵式。

直接操纵式变速器操纵机构布置在驾驶员座椅旁。变速杆由驾驶室地板伸出,变速杆及所有操纵装置都设置在变速器壳体上。驾驶员可以直接操纵变速器进行换挡。

（2）远距离操纵式。

在有些汽车上,由于变速器离驾驶员座位较远,变速杆及其他操纵装置不能安装在变速器壳上。变速杆与拨叉之间需要加装一些辅助杠杆或一套传动机构,构成远距离操纵机构。远距离操纵式变速器操纵机构具有变速杆占据的驾驶室空间小、驾驶员乘坐方便等优点,但换挡操作的准确性和可靠性稍差。

图2-20所示为变速杆安装在驾驶室地板上的典型双钢索换挡联动装置。

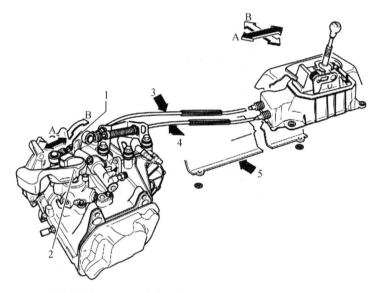

1—横向拉杆;2—变速器换挡拉杆;3—用于挂挡动作的挂挡拉索;4—用于选挡动作的选挡拉索;5—隔热板

图2-20　典型双钢索换挡联动装置（远距离操纵式）

4. 换挡拨叉机构

换挡拨叉机构主要由变速杆、叉形拨杆、换挡轴、各挡拨块、拨叉轴及拨叉等组成（图2-21）。各种变速器由于挡位及挡位排列位置不同,其拨叉和拨叉轴的数量及排列位置也不相同。

5. 定位锁止机构

（1）自锁装置。

自锁装置用于防止变速器自动脱挡或挂挡,并保证轮齿以全齿宽啮合。大多数变速器的自锁装置都是采用自锁钢球对拨叉轴进行轴向定位锁止。如图2-22所示,变速器盖中钻有三个深孔。孔中装有自锁钢球和自锁弹簧,其位置正处于拨叉轴的正上方。每根拨叉轴对着钢球的表面沿轴向设有三个凹槽。槽的深度小于钢球的半径。

（2）互锁装置。

互锁装置的作用是阻止两根拨叉轴同时移动,即当拨动一根拨叉轴轴向移动时,其他拨叉轴都被锁止,从而可以防止同时挂入两个挡位。图2-23所示为锁球式互锁装置,它由互锁钢球和互锁销组成。两个钢球直径之和等于拨叉轴表面间距离加一个槽深。

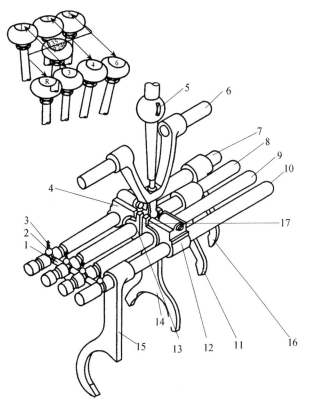

1—互锁柱销；2—自锁钢球；3—自锁弹簧；4—倒挡拨块；5—变速杆；6—换挡轴；7—倒挡拨叉轴；8——、二挡拨叉轴；9—三、四挡拨叉轴；10—五、六挡拨叉轴；11——、二挡拨叉；12—五、六挡拨块；13——、二挡拨块；14—三、四挡拨叉；15—五、六挡拨叉；16—倒挡拨叉；17—三、四挡拨块

图 2-21 换挡拨叉机构

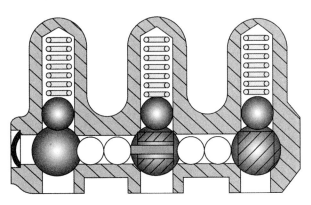

图 2-22 自锁装置

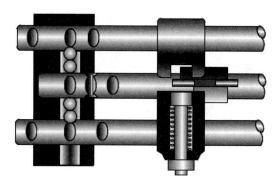

图 2-23 锁球式互锁装置

(3) 倒挡锁装置。

倒挡锁装置用于防止误挂倒挡。图 2-24 所示为常见的锁销式倒挡锁装置。当驾驶员想挂倒挡时,必须用较大的力使变速杆 4 下端压缩弹簧 2,将锁销推入锁销孔内,才能使变速杆下端进入拨块 3 的凹槽中进行换挡。

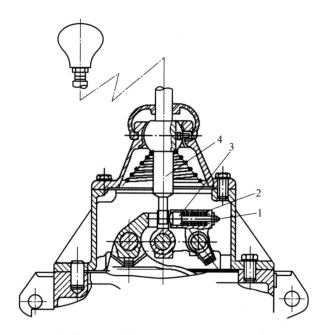

1—倒挡锁销;2—倒挡锁弹簧;3—倒挡拨块;4—变速杆

图 2-24 锁销式倒挡锁装置

一、任务准备

1. 工作准备

洁具:准备□ 清洁□

毛巾:准备□ 清洁□

逃生门:位置明确□　通道畅通□
灭火器:红色□　黄色□　绿色□　处理意见:
5S:整理□　整顿□　清洁□　清扫□　素养□

2. 工具准备

两轴式手动变速器□　自动变速器□　手自一体变速器□　齿轮□　轴□
同步器□　锁止装置□　挂图□

3. 实训安排

(1) 分组:班级按3人1小组,划分成多个小组。
(2) 每组分工:3人小组中1人发指令,1人操作,1人记录,相互配合完成实训。
(3) 每组时间:每组在15分钟内完成训练。
(4) 实训方式:按每轮2组,共2轮进行轮流训练。
(5) 实训设备:变速器总成、实训操作台。

4. 安全事项

(1) 手动变速器台架稳固。□
(2) 工作台清洁、稳固。□

二、实施步骤

1. **认识变速器**

手动变速器、CVT自动变速器、AT自动变速器、DSG双离合变速器。

2. **认识变速器的部件**

壳体□　齿轮传动组□　圆柱斜齿轮□　圆锥斜齿轮□　输入轴□　一挡主动齿轮□
倒挡主动齿轮□　二挡主动齿轮□　四挡齿轮□　三挡齿轮□
三、四挡同步器:同步环□　结合套□　花键毂□
五挡同步器:滑块□　弹簧□　花键毂□　同步环□　结合套□　五挡主动齿轮□
一、二挡拨叉及拨叉轴□　三、四挡拨叉及拨叉轴□　五挡拨叉轴□　五挡拨叉□
内换挡杆□　自锁装置□　互锁装置□　倒挡锁装置□

三、清洁及整理

整理:所用工量具□
清洁场地:座椅□　地板□　工作台□　零件盘□　工位场地□

学后测评

一、填空题

1. 变速器包括_____传动机构和换挡操纵机构。
2. 变速器按传动比变化方式可分为_____、_____和_____三种。
3. 惯性式同步器是依靠_____作用实现同步的。

二、选择题

1. 三轴式变速器的结构包括（　　）等。

　A. 输入轴　　　　B. 输出轴　　　　C. 中间轴　　　　D. 倒挡轴

2. 锁环式惯性同步器加速同步过程的主要动力是（　　）。

　A. 作用在锁环上的推力　　　　B. 惯性力

　C. 摩擦力　　　　D. 以上各因素

3. 变速器的操纵机构由（　　）组成。

　A. 变速杆　　　　B. 变速叉　　　　C. 变速轴　　　　D. 安全装置

三、简答题

1. 简述变速器传动比的含义。

2. 变速器操纵机构中有哪些锁止机构？各有什么作用？

3. 同步器有什么作用？

汽车行驶系统的认知与维修

项目描述

汽车行驶系统包括车架、车桥、悬架、车轮与车胎等多个部分,保证汽车能够正常行驶,缓和路面对汽车车身的冲击并削减震动,增强驾驶平顺性。

学习目标

1. 知识目标
(1) 掌握汽车行驶系统的功用及组成。
(2) 掌握车桥、车架、悬架结构形式及特点。
(3) 学习车轮轮胎的功用、种类、结构形式等。
2. 技能目标
(1) 能正确认识车轮标识。
(2) 能独立进行车轮动平衡检验及调整。
(3) 会检查及更换车轮车胎。

任务一 行驶系统组成和工作原理的了解

任务目标

- 掌握汽车行驶系统的功用及组成。
- 了解汽车行驶系统的分类及特点。

任务导入

学校实训车间的桑塔纳 2000 在行驶过程中颠簸严重,且出现行驶跑偏。学习行驶系统知识,然后解决上述问题。

一、行驶系统的作用及组成

1. 汽车行驶系统的作用

(1) 接受发动机经传动轴传来的转矩,并通过驱动轮与路面间的附着作用,产生路面对驱动轮的驱动力,以保证整车的正常行驶。

(2) 传递并承受路面作用于车轮上的各向反作用力及其形成的力矩;缓和路面对车身的冲击并削减震动,保证汽车平顺行驶。

(3) 与汽车转向系统很好地配合,实现汽车行驶方向的正确控制,以保证汽车的操纵稳定性。

2. 汽车行驶系统的组成

汽车行驶系统一般由车架、车桥、悬架及车轮组成,如图3-1所示,动力由发动机出发,经传动轴传递至驱动桥,并由驱动桥带动车轮旋转,与路面附着,产生动力。

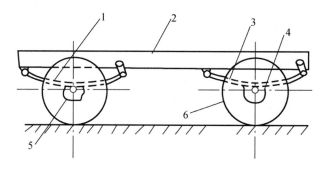

1—前悬架;2—车架;3—后悬架;4—后车桥;5—前车桥;6—车轮

图 3-1 车轮式行驶系统

二、行驶系统的分类

汽车行驶系统除了图3-1所示的车轮式行驶系统外,还有半履带式、全履带式、车轮-履带式等几种行驶系统。

1. 半履带式行驶系统

半履带式行驶系统直接与路面接触的部分有车轮和履带。前桥装有滑橇或车轮,用来实现转向;后桥装有履带,以减少对地面的单位压力,主要用于雪地或沼泽地带行驶。

2. 全履带式行驶系统

全履带式行驶系统直接与路面接触的部分是履带。汽车前、后桥上都装有履带,使汽车的软地面通过能力进一步增强。

3. 车轮-履带式行驶系统

车轮-履带式行驶系统车轮外的履带可拆卸。不装履带时行驶系统为车轮式行驶系统,加装履带时行驶系统为全履带行驶系统。

任务实施

一、任务准备

1. 工作准备

洁具:准备□ 清洁□

毛巾:准备□ 清洁□

逃生门:位置明确□ 通道畅通□

灭火器:红色□ 黄色□ 绿色□ 处理意见:

5S:整理□ 整顿□ 清洁□ 清扫□ 素养□

2. 工具准备

指认棒□ 毛巾□ 挂图□ 工具及辅料已备齐□ 差欠:

3. 实训安排

(1) 分组:班级按3人1小组,划分成多个小组。

(2) 每组分工:3人小组中1人发指令,1人操作,1人记录,相互配合完成实训。

(3) 每组时间:每组在6分钟内完成训练。

(4) 实训方式:按每轮2组,共2轮进行轮流训练。

(5) 实训设备:实训教室汽车底盘总成2副。

4. 安全事项

(1) 实训汽车底盘总成台架固定。□

(2) 实训台架断电。□

(3) 各部件牢固。□

二、实施步骤

查找行驶系统各部件

驱动桥□ 车轮□ 车架□ 悬架□

三、清洁及整理

整理:所用工量具□

清洁场地:座椅□ 地板□ 工作台□ 零件盘□ 工位场地□

任务二 车架、车桥、车轮、悬架的认知

任务目标

- 能够熟练地认识汽车各部件,并了解其组成。
- 掌握汽车底盘各部件的作用及工作原理。

任务导入

不同车辆以相同速度通过同一路段时,乘坐在车上的人所感受到的震动不同。

必备知识

一、车架与车桥

1. 车架的作用及分类

现代汽车绝大多数都具有作为整体骨架的车架。车架是整个汽车的基体。车架俗称大梁,是全车的骨架,用来支撑连接汽车的各个零部件,承受各种载荷。

目前,汽车车架的结构形式基本上有四种:边梁式、中梁式(或称脊骨式)、综合式和承载式。目前市场上大部分家用轿车使用的是承载式车架。

(1)边梁式车架。

图 3-2 所示为边梁式车架,两边有两根纵梁,中间有若干根横梁。它们之间使用焊接或铆接的方式进行固定连接。纵梁断面有槽形、工字形、箱形等。横梁用来连接两边的纵梁,增加车架本身的刚度,有利于安装和支撑发动机、变速器等部件。横梁断面有槽形、管形、箱形等。

优点:提供很强的承载能力和很大的抗扭刚度,而且结构简单,制造容易,生产工艺要求较低,入门准则低。

缺点:车架重量大,空间利用率不高,提高了整车的重心。

综上所述,边梁式车架一般使用在要求有大载重量的货车和客车,以及对车架刚度要求很高的军用车辆上。

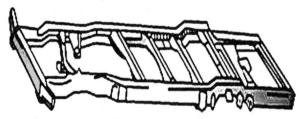

图 3-2 边梁式车架

(2)中梁式车架。

中梁式车架只有一根位于中央、贯穿前后的纵梁,如图 3-3 所示。中梁的断面一般为管

形或箱形。使用这种结构是为了使车身具有较大的扭转刚度,使车轮有较大的运动空间。因此这种车架常用在某些轿车和货车上。

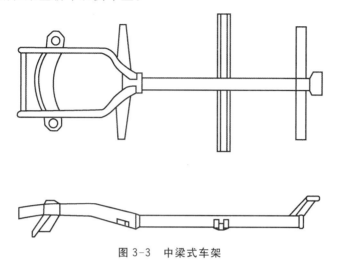

图 3-3　中梁式车架

优点:能使汽车车轮获得较大的运动空间,便于采用独立悬架,从而增强汽车的操纵性;较轻,减少了整车质量;重心较低,使得车辆行驶稳定性好;车架强度和刚度较大;中梁封闭传动轴,起到一定的防尘作用。

缺点:制造工艺复杂,精度要求高,总成安装维修相对困难。

(3) 综合式车架。

综合式车架是由边梁式车架和中梁式车架结合而成的。车架前段或后段近似边梁式车架结构,便于安装发动机或驱动桥。中段是中梁式结构,用伸出的支架固定车身。传动轴从中间穿过。

这种车架兼具边梁式车架和中梁式车架的优点,但是制造工艺复杂,成本较高,目前应用得不多。

(4) 承载式车架。

有些轿车和大型客车没有专门的车架。车身兼起车架的作用,承受所有的载荷,所以称为承载式车架,如图 3-4 所示。目前大部分轿车均使用铝合金承载式车架。

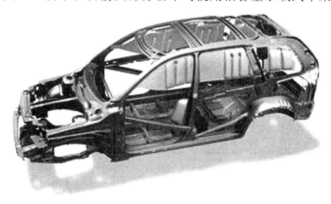

图 3-4　承载式车架

优点：重量小，降低底盘高度，增强操纵性，根据不同车型进行量身打造，可利用空间大，冲压成型的制造方式十分适合现代化的大批量生产。

缺点：传动系统和悬架震动噪声会直接传入车内。

2. 车桥的作用及分类

车桥（也称车轴）通过悬架和车架（或承载式车身）连接。其两端安装有车轮，以实现传递车架与车轮之间的各方向的作用力及其力矩。

车桥的分类是根据其两端安装的车轮所起作用的不同来进行的。车桥可分为转向桥、支撑桥、驱动桥和转向驱动桥四种。支撑桥只起支撑作用，属于从动桥；转向桥除起支撑作用外，还具有转向的作用，一般为汽车的前桥，也属于从动桥；驱动桥作为主动桥，一般为汽车后桥；转向驱动桥兼具转向桥、支撑桥和驱动桥的所有作用，作为汽车的前桥。

（1）转向桥。

转向桥利用车桥中的转向节使车轮偏转一定的角度，以实现汽车的转向。它除了承受垂直的载荷外，还需要承受纵向力和侧向力，以及这些力所产生的力矩。

各种车型的转向桥的组成基本相同，主要由转向节、前梁、横拉杆、梯形臂、主销和轮毂等组成，如图 3-5 所示。

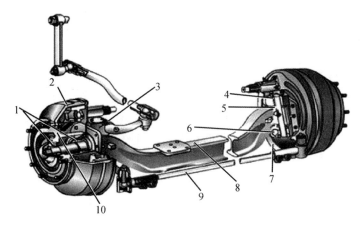

1—轮毂轴承；2—制动鼓；3—转向节；4—衬套；5—主销；6—止推轴承；
7—梯形臂；8—前梁；9—转向横拉杆；10—轮毂

图 3-5 转向桥

转向桥可分为整体式转向桥和断开式转向桥两种。

整体式转向桥按断面形状可分为工字梁式和管式两种类型；断开式转向桥没有车轴，与独立悬架配合使用。

（2）转向驱动桥。

转向驱动桥实现车轮的转向和驱动两种功用，一般用于前轮驱动的汽车或全轮驱动的越野车上。

转向驱动桥有一般驱动桥所具有的主减速器、差速器等，也有一般转向桥具有的转向节、主销等，如图 3-6 所示。它与单独的驱动桥和转向桥相比，不同之处是：由于转向的需要，半轴被分为两段，分别叫作内半轴（与差速器相连）和外半轴（与轮毂相连），二者用等速万向节连接在一起。因此主销也分成上、下两段，分别固定在万向节的球形支座上。转向节轴颈部分做成空心，外半轴从中穿过。转向节的连接叉是球状壳体,既能满足转向需求,又能适应转动时转向节的传力。

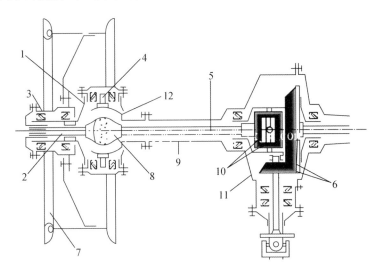

1—转向节体;2—外半轴;3—轮毂;4—主销;5—内半轴;6—主减速器;
7—车轮;8—万向节;9—半轴套管;10—差速器;11—主减速器壳;12—球形支座

图 3-6　转向驱动桥

二、车轮与轮胎

车轮与轮胎作为汽车行驶系统中重要的部件,安装在车架上,将汽车发动机产生的动力传给地面,将地面的作用力反馈到汽车上,推动汽车运动。现代汽车均采用充气的弹性轮胎。弹性轮胎的作用是承载汽车全车的重量,吸收、缓和路面传来的冲击力。弹性轮胎对汽车的动力性、经济性、平顺性、通过性、制动性及操纵稳定性都有巨大的影响,其质量和使用寿命在很大程度上决定着汽车的安全性和可靠性。

1. 车轮的作用与类型

车轮介于轮胎与车轴之间,用于安装轮胎,连接半轴或转向节,并承载汽车重量,传递半轴或转向节传来的力矩。车轮由轮毂、轮辋和轮辐等组成,如图 3-7 所示。轮毂通过轴承支撑在半轴套管或转向节上,轮辋用来安装轮胎,轮辐用来连接轮辋和轮毂。

1—轮胎;2—车轮;3—轮辋;4—轮辐;5—车轮饰板

图 3-7　车轮组成

根据轮辋和轮辐的连接形式，车轮可分为组合式和整体式。组合式结构将轮辋和轮辐用焊接或铆接的方式连接，主要用于钢制车轮；整体式结构将轮辋和轮辐用铸造的方式连接，主要用于合金制造的车轮。

常见的车轮分类主要是根据轮辐的不同来进行的，可以分为辐板式和辐条式两种。

（1）辐板式车轮。

图 3-8 所示为辐板式车轮。它一般由挡圈、轮辋、辐板和气门嘴伸出口组成。车轮中用以连接轮毂和轮辋的钢制圆盘称为辐板。辐板式车轮主要用于重型汽车上，通过辐板将轮辋和轮毂铸造成一体。部分轻型汽车的辐板，由于较薄，常常被冲压成多层起伏形状，以提高其刚度。辐板上往往开有孔洞，可以减轻部分重量，也利于轮毂拆装、充气和散热。

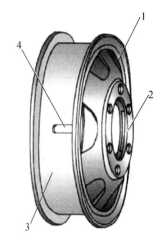

1—挡圈；2—辐板；
3—轮辋；4—气门嘴伸出口

图 3-8　辐板式车轮

（2）辐条式车轮。

图 3-9 所示为辐条式车轮。辐条式车轮是由若干根辐条连接轮辋和轮毂而成的。其中，用钢丝辐条的辐条式车轮与自行车和摩托车的车轮相似，曾在老式汽车上被广泛使用。

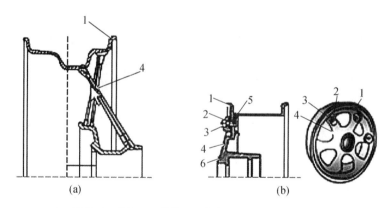

1—轮辋；2—衬块；3—螺栓；4—辐条；5—配合锥面；6—轮毂

图 3-9　辐条式车轮

辐条式车轮具有质量小、散热好等特点。现在越来越多的轿车使用辐条式车轮。

2. 车轮的结构

（1）轮辋。

轮辋俗称钢圈，用于安装轮胎。按照结构的不同可以分为深槽式轮辋、平底式轮辋和可拆式轮辋三种，如图 3-10 所示。

（2）轮毂。

轮毂用于连接制动鼓、轮辐和半轴凸缘，一般由圆锥滚子轴承套装在半轴套管或转向节上。

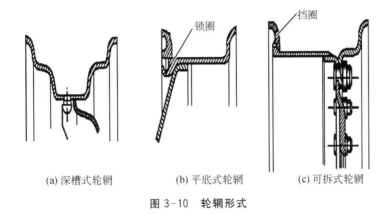

(a) 深槽式轮辋　　　(b) 平底式轮辋　　　(c) 可拆式轮辋

图 3-10　轮辋形式

3. 轮胎

（1）轮胎的作用。

轮胎安装在轮辋上，直接与路面接触。它的作用是支撑汽车的总质量，传递驱动力和制动力，吸收和缓和汽车行驶时所受到的部分冲击和震动，保证汽车的乘用舒适性和行驶平顺性。

（2）轮胎的结构。

轮胎由胎冠和胎体组成，如图 3-11 所示。

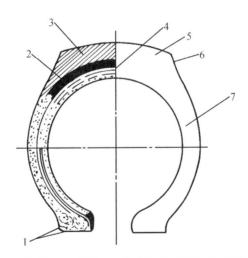

1—胎圈；2—缓冲层；3—胎面；4—帘布层；5—胎冠；6—胎肩；7—胎侧

图 3-11　轮胎结构

充气轮胎由外胎、内胎和垫带组成，按结构不同，可以分成有内胎和无内胎两种。当前汽车基本使用无内胎轮胎。无内胎轮胎的胎体内层有气密性较好的橡胶层，且需配用深槽轮辋。

① 外胎。

外胎是用耐磨橡胶制成的，具有高强度和弹性的外壳，直接与地面接触，保护内胎不受损伤。它由胎圈、缓冲层、胎面、帘布层等组成。

a. 胎圈。胎圈使外胎牢固地安装在轮辋上,有很大的强度和刚度,由钢丝圈、帘布层包边和胎圈包布组成。它能承受因内压而产生的伸张力,同时还能克服轮胎在转弯时所产生的横向作用力,使外胎牢固地固定在轮辋上。

b. 缓冲层。缓冲层位于胎面和帘布层之间,由多层较稀疏的帘布与橡胶黏合而成,弹性大,能缓冲汽车在行驶时所受到的不平路面冲击,并防止紧急制动时胎面与帘布层脱离。子午线轮胎的缓冲层由于其作用不同,一般称为带速层。带速层是子午线轮胎胎面与胎体之间的一个强化层。

c. 胎面。胎面是外胎的表面,包括胎冠、胎肩和胎侧三部分。胎冠的外部是耐磨损橡胶层。胎冠与地面直接接触,承受冲击与磨损,并起到对胎体的保护作用。胎冠上有各种形式的花纹,能防止汽车纵、横向滑移。

d. 帘布层。帘布层是外胎的骨架,也称胎体。其主要作用是承受载荷,保持轮胎外缘尺寸和形状。帘布层通常用多层胶化的棉线或其他纤维编制而成。

② 内胎。

内胎是一个环形橡胶管,具有良好的弹性、耐热性和密封性。为保证在充气状态下不产生褶皱,内胎有效尺寸应略小于外胎内壁尺寸。

③ 垫带。

垫带是一个环形橡胶带,垫在内胎与轮辋之间,保护内胎不被轮辋和胎圈磨坏,并防止灰尘和水汽浸入内胎。

无内胎的充气轮胎没有内胎和垫带,空气直接压入外胎中,要求外胎与轮辋之间有很好的密封性。其结构如图 3-12 所示。外胎内壁上有一层 2~3 mm 厚的专门用来密封气体的橡胶密封层,而密封层正对着胎面的下面粘贴着一层用未硫化橡胶制成的自粘层。钉子刺破轮胎后,高压气体压缩自粘层,使轮胎漏气减慢,安全性能好。

(3) 轮胎的分类。

① 按胎压分类。

轮胎按照内部充气压力大小,可分为高压胎(0.5 MPa 以上)、低压胎(0.15~0.5 MPa)和超低压胎(0.15 MPa 以下)三种。

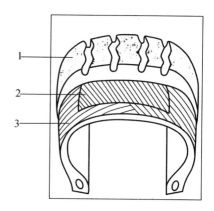

1—胎面;2—缓冲层;3—帘布层

图 3-12 无内胎轮胎结构

② 按帘布层排列方式分类。

轮胎按帘布层排列方式的不同,可分为斜交轮胎和子午线轮胎。

斜交轮胎的帘布层和缓冲层相邻的帘线相互交叉,而且与胎面中心线呈小于 90°角排列。斜交轮胎的优点是轮胎噪声小,胎面与胎侧的强度大,外胎面柔软,制造容易,价格便宜。

子午线轮胎胎体帘线与带束层帘线所形成的角度几乎为 0,就像地球的子午线一样。

子午线轮胎的帘布层排列方向与轮胎断面一致。帘布层相当于轮胎的基本骨架。由于行驶时轮胎要承受较大的切向作用力,为保证帘线稳固,其外部又有若干层由高强度、不易拉伸的材料制成的带束层。帘线方向与子午线轮胎断面呈较大角度夹角。

与斜交轮胎相比,子午线轮胎弹性大、耐磨性好、滚动阻力小、附着性能好、缓冲性能好、散热好、承载能力强,不易被刺穿。子午线轮胎被扎破时,不会像有内胎的斜交轮胎那样出现爆裂,而是能在一定时间内保持气压,增强了汽车的行驶安全性。另外,它自身的重量要比斜交轮胎的重量小。缺点:胎侧易裂口;侧向变形大,使得汽车侧向稳定性稍差;制造要求高,价格比斜交轮胎的高。

③ 按轮胎花纹分类。

轮胎花纹主要用来增加胎面与路面之间的摩擦力,防止车轮打滑。轮胎花纹一般可分为条形花纹、横形花纹、混合花纹、越野花纹,于是市面上也出现了相应的花纹轮胎。

(4) 轮胎规格标识。

如图 3-13 所示,轮胎规格以外胎外径 D、轮胎内径或轮辋直径 d、断面宽度 B 以及扁平率等尺寸加以表示。

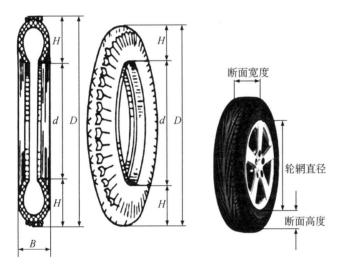

图 3-13 轮胎标识

例如,轮胎标识为 185/70R13 86T,其中"185"为断面宽度,单位为 mm;"70"为扁平率,代表的是断面高度 H/断面宽度 B,表示 70%;"R"为子午线轮胎的标识(若为"D",则表示斜交轮胎);"13"为轮胎内径,单位是英寸;"86"是最大载重等级;"T"为最高速度等级。轮胎标识一般编写在轮胎的胎侧位置。

轮胎常用载重等级表、速度等级表分别如表 3-1、表 3-2 所示。

表 3-1 轮胎常用载重等级表

指数	载重/kg	指数	载重/kg	指数	载重/kg
70	335	85	515	100	800
71	345	86	530	101	825
72	355	87	545	102	850

续表

指数	载重/kg	指数	载重/kg	指数	载重/kg
73	365	88	560	103	875
74	375	89	580	104	900
75	387	90	600	105	925
76	400	91	615	106	950
77	412	92	630	107	975
78	425	93	650	108	1 000
79	437	94	670	109	1 030

表3-2 轮胎常用速度等级表

指数	速度/(km/h)	指数	速度/(km/h)	指数	速度/(km/h)
A1	5	D	65	Q	160
A2	10	E	70	R	170
A3	15	F	80	S	180
A4	20	G	90	T	190
A5	25	J	100	U	200
A6	30	K	110	H	210
A7	35	L	120	V	240
A8	40	M	130	W	270
B	50	N	140	Y	300
C	60	P	150	Z	>240

三、悬架

汽车在行驶过程中时时都处于路面各种载荷的作用下。这些载荷通过行驶系统传向车身,造成车身震动,导致驾乘人员出现不适反应,破坏了汽车的乘坐舒适性,也可能造成汽车各部分构件的损伤和车上运载货物的损坏,给汽车运输带来不必要的麻烦。因此,汽车上专门设置了具有弹性的悬架系统,用来保证汽车的平稳行驶和吸收消除震动。

1. 悬架的作用

汽车悬架的主要作用是弹性连接车桥与车架或车身,缓和行驶中车辆受到的不平路面的冲击,保证乘坐舒服及货物的完好;迅速削减由弹性系统引起的震动,把路面作用于车轮上的垂直反力、纵向反力和侧向反力以及这些反力所形成的力矩传递到车架或车身上;起导向作用,使车轮按一定轨迹相对于车身运动,以保证汽车的正常行驶;防止汽车转向时车身发生过大的倾斜。

2. 悬架的分类

按照控制形式,悬架可以分为被动悬架和主动悬架两大类。目前大部分车辆使用的是被动悬架。采用被动悬架的汽车的状态只能被动地取决于路面、行驶状况以及汽车的弹性元件、导向装置以及减震器这些机械零件。主动悬架可根据路面情况和行驶状况自动调整悬架的刚度和阻尼，从而使汽车能主动地控制垂直震动以及车身或车架的姿态。

根据汽车两侧车轮运动是否相互关联、汽车导向装置的不同，悬架可分为非独立悬架（图 3-14）和独立悬架（图 3-15）两种。

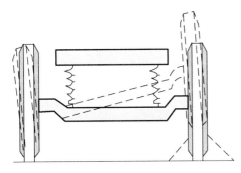

图 3-14　非独立悬架

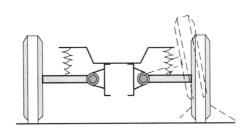

图 3-15　独立悬架

（1）非独立悬架。

非独立悬架的特点：两侧车轮安装在一个整体车桥上。车桥通过悬架与车身或车架相连接。如行驶中路面不平，一侧车轮受到颠簸冲击，另一侧车轮也会受到较大的影响。非独立悬架因其结构简单，工作可靠，所以被广泛运用在货车的前、后悬架上。而在轿车上，非独立悬架仅被用在后桥上。

非独立悬架通常可分为钢板弹簧式非独立悬架和螺旋弹簧式非独立悬架。

钢板弹簧式非独立悬架的结构特点：钢板弹簧前端的卷耳与钢板弹簧前支架成固定铰链连接，起传力和导向作用；后端卷耳与车架成摆动式铰链连接。

螺旋弹簧式非独立悬架的结构特点：由于螺旋弹簧上端安装在车身上的支座中，下端安装在纵向推力杆上，只能承受垂直力，故这种悬架需要安装导向装置；两个减震器上端安装在车身支架上，下端安装在车桥支架上。

（2）独立悬架。

独立悬架的特点：两侧车轮分别安装在断开式车桥的两端；每段车轴和车轮单独通过弹性元件与车架相连。当一侧车轮受到冲击时，另一侧车轮几乎不受影响。独立悬架采用断开式车桥，从而降低发动机的安装位置，有利于降低汽车重心，并使结构紧凑。独立悬架允许前轮有较大的跳动空间，这样便于选择较软的弹性元件以改善平顺性。独立悬架非簧载质量小，可减小对车身的冲击。独立悬架被广泛运用在轿车上。

独立悬架按照车轮运动形式，一般可分为下列几种形式。

① 横臂式独立悬架：车轮在汽车横向平面内摆动的悬架，如图 3-16 所示。

② 纵臂式独立悬架：车轮在汽车纵向平面内摆动的悬架，如图 3-17 所示。

③ 烛式独立悬架：车轮沿主销轴线运动的悬架，如图 3-18 所示。

④ 麦弗逊式独立悬架：车轮沿主销轴线运动的悬架，如图 3-19 所示。

⑤ 多连杆式悬架：车轮绕着与汽车纵轴线呈固定角度的轴线摆动的悬架。

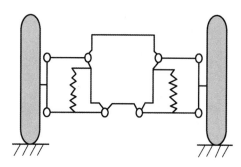

图 3-16 横臂式独立悬架

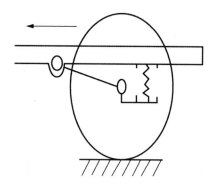

图 3-17 纵臂式独立悬架

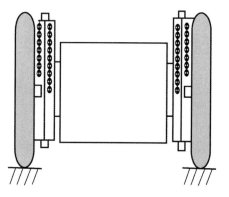

图 3-18 烛式独立悬架

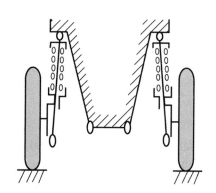

图 3-19 麦弗逊式独立悬架

3. 悬架的组成

悬架由弹性元件、减震器、导向元件和横向稳定杆组成。弹性元件可承受和传递垂直载荷，减小路面的冲击。减震器可加快震动的衰减，限制车身和车轮的震动。导向元件可传递纵向力、侧向力及其力矩，并保证车轮相对于车身有正确的运动关系。横向稳定杆可防止车身产生过大的侧倾。

（1）弹性元件。

汽车悬架中所用到的弹性元件一般有钢板弹簧、螺旋弹簧、扭杆弹簧、气体弹簧和橡胶弹簧等。一般载货汽车的非独立悬架广泛使用钢板弹簧；大多数轿车的独立悬架使用螺旋弹簧；重型载货汽车广泛运用气体弹簧。

① 钢板弹簧。

钢板弹簧是由若干片等宽不等长、曲率半径不同、厚度相等或不相等的弹簧钢片叠合在一起组成的一根近似等强度的弹性梁。其一般构造如图 3-20 所示。钢板弹簧最上面的一片（第一片）称为主片，两端弯成卷耳，内装由青铜材料制成的衬套，用弹簧销与车架或吊耳铰链连接。钢板弹簧的中心部分用 U 形中心螺栓与车桥固定。为加强第一片的卷耳强度，第二片末端也常弯曲成卷耳，并把第一片卷耳包住。当钢板弹簧受力变形时，各片之间产生相对滑动，从而产生摩擦，此时钢板弹簧本身具有一定的减震作用。如果钢板弹簧各片之间干摩擦时，轮胎所受到的冲击会直接传给车架，并直接使钢板弹簧各片磨损，故安装钢板弹簧时,应在各片之间涂上适量的石墨润滑剂。

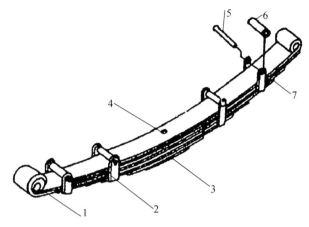

1—卷耳；2—弹簧夹；3—钢板弹簧；4—中心螺栓；5—螺栓；6—套管；7—螺母

图 3-20　钢板弹簧

中心螺栓用来将各弹簧片连接起来,并保证其相互间的装配位置。中心螺栓距两端卷耳的距离相等的钢板弹簧称为对称式钢板弹簧；中心螺栓距两端卷耳的距离不相等的钢板弹簧则称为非对称式钢板弹簧。

钢板弹簧本身还起到一定的导向作用,使得悬架可以不必单设导向装置,结构得以简化。有些高级轿车的后悬架也采用钢板弹簧作为弹性元件。目前一些汽车上采用了断面厚度不一样的单片或两至三片钢板弹簧,以减小各片之间的干摩擦,同时减轻重量。

② 螺旋弹簧。

螺旋弹簧是用弹簧钢棒卷制而成的,常用作独立悬架的弹性元件。其特点是没有减震和导向功能,只能承受垂直载荷。螺旋弹簧式悬架必须要加装导向机构。螺旋弹簧按形状可分为圆柱形螺旋弹簧、腰鼓形螺旋弹簧和圆锥形螺旋弹簧。按螺距可分为等距螺旋弹簧和不等距螺旋弹簧。前者刚度不可变,后者刚度可变。

③ 扭杆弹簧。

扭杆弹簧用铬钒合金弹簧钢制成。它的表面经过加工,很光滑。制造者通常在其上涂有环氧树脂,并包一层玻璃纤维,再涂一层环氧树脂,最后涂上沥青和防锈油漆,以防表面被腐蚀和损坏,从而提高扭杆弹簧的使用寿命。

从断面上看,扭杆弹簧有圆形、管形、矩形、叠片及组合式等。目前使用得最多的是圆形扭杆弹簧。圆形扭杆弹簧呈长杆状,两端可以加工成花键或六角形等。安装扭杆弹簧时,将一端固定在车架上,将另一端与车轮相连。当车轮跳动时,摆臂便绕着扭杆弹簧轴线摆动,使扭杆弹簧产生弹性形变,保证车轮与车架的弹性连接。

采用扭杆弹簧做弹性元件的悬架需要安装导向机构。扭杆弹簧能够存储较大的能量,且结构简单,占用的空间小,易于布置,不需要润滑,保养维修简便,刚度可变。借助扭杆弹簧还可以适度调整车身的高度。但是扭杆弹簧的制造成本较高,一般用于高级轿车上。

④ 气体弹簧。

在一个密闭的容器中充入压缩气体后,利用气体的可压缩性可实现弹簧作用。采用这种原理的弹簧称为气体弹簧。这种弹簧的刚度是可变的。当作用在弹簧上的载荷增加时,容器内的定量气体气压升高,弹簧刚度增大,反之亦然。气体弹簧具有理想的弹性特征。

气体弹簧可分为空气弹簧和油气弹簧两种。

a. 空气弹簧。

空气弹簧是以压缩气体作弹簧的。根据压缩气体所用容器的不同,空气弹簧分为囊式和膜式两种。

囊式空气弹簧是由夹有帘线的橡胶气囊和密闭在其中的压缩空气组成的。气囊的内层用气密性好的橡胶制成。外层则用耐油橡胶制成单节或多节(节数越多,弹簧越软),且节与节之间围有钢质的腰环,使中间部分不至于有径向扩张,并防止两节之间相互摩擦。气囊的上下盖板将气囊密封。

膜式空气弹簧的密闭气囊由橡胶膜片和金属压制件组成。与囊式空气弹簧相比,膜式空气弹簧的弹性曲线更为理想,固有频率更低。并且膜式空气弹簧尺寸小,便于布置,因此多应用在小轿车上,但其造价较贵,寿命较短。

b. 油气弹簧。

油气弹簧一般以惰性气体氮气为弹性介质,用油液作为传力介质,由气体弹簧和起到减震作用的液压缸组成。根据结构的不同,油气弹簧可分为单气室油气弹簧、双气室油气弹簧和两级压力式油气弹簧。

⑤ 橡胶弹簧。

橡胶弹簧本身具有弹性,可承受压缩和扭转载荷,吸收震动。橡胶弹簧可制成任何形状,无噪声,不需要润滑,如图3-21所示。橡胶弹簧承重能力较小,用作辅助弹簧,或悬架部件的衬套、垫块、挡块及其他支撑件。

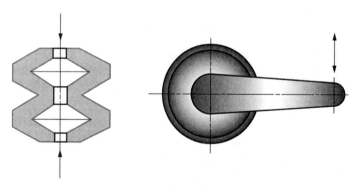

图3-21 橡胶弹簧

(2)减震器。

① 减震器的作用。

汽车行驶时,车轮在垂直方向上会受到不同力的作用。悬架系统中的弹性元件受到冲击会产生相应的震动。减震器是产生阻尼力的主要元件。它的功用就是迅速衰减汽车的震动,改善汽车的行驶平顺性。

② 减震器的类型。

a. 按结构不同,减震器可分为双筒式减震器和单筒式减震器。

b. 按工作介质不用,减震器可分为液压式减震器和充气式减震器。

c. 按工作原理不用,减震器可分为单向作用减震器和双向作用减震器。

③ 减震器的构造与原理。

目前汽车上采用最多的减震器为液压式减震器。而在液压式减震器中,双向作用减震器使用得较多,其结构如图 3-22 所示。它有三个同心钢筒。外面的钢筒是防尘罩,其上端的吊耳与车架相连。中间的是储油钢筒,内装有一定量的油液,其下端的吊耳与车桥相连。里面的是工作缸筒,其内装满油液。它还有四个阀,即压缩阀、伸张阀、流通阀和补偿阀。

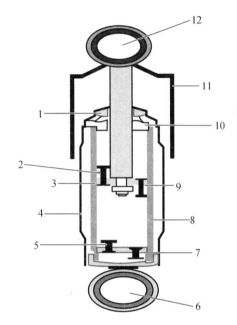

1—油封;2—伸张阀;3—活塞;4—储油缸;5—压缩阀;6—下端吊耳(与车桥相连);
7—补偿阀;8—工作缸;9—流通阀;10—导向座;11—防尘罩;12—上端吊耳(与车架相连)

图 3-22 双向作用减震器结构

双向作用减震器通过压缩工作缸筒内部油液产生阻尼力,从而消耗路面起伏给悬架系统带来的冲击能量。当车架与车桥有相对运动时,减震器油反复从一个腔室通过窄小的空隙流入另一个腔室。阻尼力随车架与车桥相对运动速度的增减而增减,还与油液黏度、孔洞大小等因素有关。

双向作用减震器工作过程分为压缩行程和伸张行程。

a. 压缩行程。

当车轮受到颠簸,车桥与车架相互靠近时,减震器处于压缩行程,如图 3-23(a)和图 3-24(a)所示。减震器活塞下移,其下方腔室油压升高,油液顶开流通阀进入活塞上方腔室。由于活塞杆在上腔室,因此上腔室增加的容积小于下腔室减小的容积,下腔室有一部分油液不能进入上腔室而只能压开压缩阀,流回储油钢筒。当油液流经阀孔时有阻尼力产生,从而消耗了震动能量,削减了震动。当车身震动增大时,活塞运动加快,活塞下腔室油压骤增,使压缩阀开度增大,油液能迅速通过较大的通道流回储油钢筒。这样使得油压和阻尼力都不至于过大,能充分发挥弹性元件的缓冲作用。

b. 伸张行程。

车轮受到颠簸,车桥与车架相互远离时,减震器处于伸张行程,如图 3-23(b)和图 3-24(b)所示。减震器活塞上移,上腔室油压升高,油压推开伸张阀,油流入下腔室。上腔室减小的容积小于下腔室增加的容积,因而上腔室流出的油液不足以充满下腔室,储油钢筒中的油液在真空力的作用下推开补偿阀补充下腔室。

由于伸张阀弹簧刚度和预紧力大于压缩阀,再加上伸张行程的油液通道截面小于压缩行程的油液通道截面,因此伸张行程的阻尼力大于压缩行程的阻尼力。

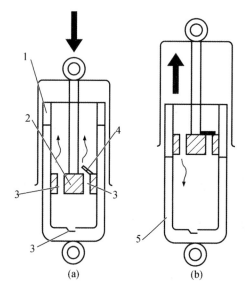

1—氮气;2—活塞;3—节流孔;4—阀门;5—补偿腔

图 3-23 液压式减震器

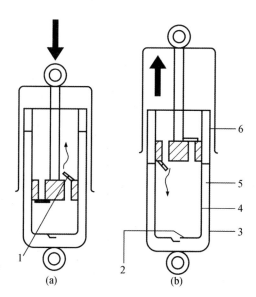

1—阀门;2—补偿阀;3—外筒;4—内筒;
5—补偿腔;6—氮气

图 3-24 充气式减震器

充气式减震器与液压式减震器相比,其结构更加简化,不需要储油钢筒,并减少了一套阀门系统。在防尘罩直径相同的条件下,充气式减震器工作缸及活塞的直径大,可以产生更大的阻尼力。减震器中的高压氮气能减少车轮遇到冲击力时产生的高频震动,且有助于消除噪声及油液的乳化现象。充气式减震器可以改善行驶平顺性和轮胎接地性。但是它对油封要求高,其充气工艺复杂,维修困难。当缸筒受到冲击而变形时,充气式减震器不能工作。因此充器式减震器只应用在部分高级轿车上。

一、任务准备

1. 工作准备

洁具:准备□　清洁□

毛巾:准备□　清洁□

逃生门:位置明确□ 通道畅通□
灭火器:红色□ 黄色□ 绿色□ 处理意见:
5S:整理□ 整顿□ 清洁□ 清扫□ 素养□

2. 工具准备

指认棒□ 毛巾□ 汽车行驶系统台架□
工具及辅料已备齐□ 差欠:

3. 实训安排

(1) 分组:班级按3人1小组,划分成多个小组。
(2) 每组分工:3人小组中1人发指令,1人操作,1人记录,相互配合完成实训。
(3) 每组时间:每组在15分钟内完成训练。
(4) 实训方式:按每轮2组,共2轮进行轮流训练。
(5) 实训设备:理实一体化教室汽车台架2台,普通斜交轮胎和子午线轮胎各1个。

4. 安全事项

(1) 台架滚轮锁死。□
(2) 台架、支架稳定牢固。□
(3) 各部件无毛刺、锐口。□

二、实施步骤

查找普通斜交轮胎部件:钢圈□ 外胎□ 内胎□ 垫带□ 气门嘴□
指认轮胎规格标示:断面宽度 W□ 断面高度 H□ 轮辋直径 d□
查找悬架元件:钢板弹簧□ 螺旋弹簧□ 减震器□ 横向稳定杆□

三、清洁及整理

整理:所用工量具□
清洁场地:座椅□ 地板□ 工作台□ 零件盘□ 工位场地□

任务三 动不平衡的认知和车轮的定位与保养

任务目标

- 了解轮胎动不平衡原因。
- 掌握车轮的定位与保养方法。

任务导入

汽车在使用过程中,其行驶系统各部件在不断被磨损,尤其是车轮、车胎,所以要掌握对其的检测和调整技术。

一、动不平衡的相关知识

1. 车轮的动不平衡

汽车车轮是高速旋转元件。若其质心与旋转中心不重合，不平衡质量会在车轮旋转时产生离心力。离心力大小与不平衡质量、质心和车轮旋转中心之间的距离及车轮转速有关。

车轮转动不平衡时，车轮会跳动和偏摆震动，使轮胎偏磨，相关零件损坏，很容易造成安全事故。

2. 车轮的动不平衡的原因

（1）质量分布不均匀，常见于轮胎质量差、翻新胎、补胎、胎面磨损不均匀等情况。
（2）轮辋、制动鼓变形，或加工质量差。
（3）安装位置不正确，如内胎充气嘴位置不符合安装要求。

二、转向轮定位

让转向车轮、转向节和前轴与车架保持一定的相对位置关系，这种安装定位称为转向轮定位，位置关系如图 3-25 所示。这样可以保证汽车直线行驶的稳定性和操纵轻便性，减少轮胎和其他构件的磨损。转向轮定位主要的参数有主销后倾、主销内倾、前轮外倾和前轮前束四个。

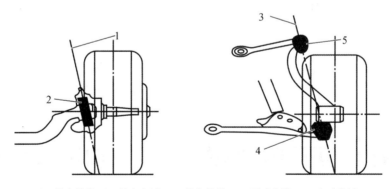

1—转向轴线；2—转向主销；3—转向轴线；4—下球头销；5—上球头销

图 3-25 转向轮定位

1. 主销后倾

主销安装在前梁上后，其上端略微向后倾斜，这种现象称为主销后倾。在汽车纵向垂直平面内，主销轴线与垂直线之间的夹角称为主销后倾角，用 γ 表示，如图 3-26 所示。

主销后倾的作用是保持汽车直线行驶的稳定性，并力图使转弯后的车轮自动回正。主销后倾角越大，车速越快，则转向轮的稳定效应越强。但主销后倾角不宜过大，一般不超过 $3°$，否则在转向时驾驶员需要在转向盘上施加较大的力。

项目三 汽车行驶系统的认知与维修

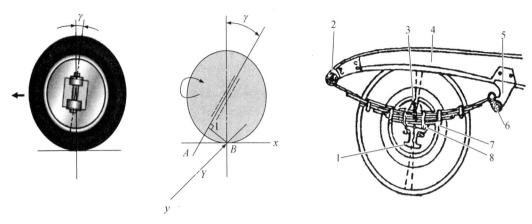

1—前轴；2—铰链；3—橡胶块；4—车架；5—支架；6—后吊耳；7—钢板弹簧；8—楔形垫片

图 3-26 主销后倾

2. 主销内倾

主销安装在前梁上后，其上端略微向内倾斜，这种现象称为主销内倾。在汽车的横向平面内，主销轴线与垂线之间的夹角称为主销内倾角，用 β 表示，如图 3-27(b)(c)所示。

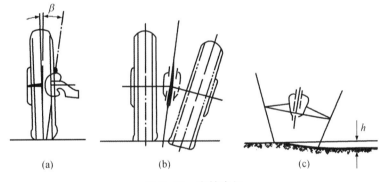

图 3-27 主销内倾

主销内倾的作用是使转向轮自动回正，转向轻便。前轮偏转角越大，转向轮的回正作用越强。但若主销内倾角过大，则车轮转向时轮胎摩擦阻力增加，使转向沉重，加速轮胎的磨损，故一般主销内倾角不大于8°。

主销后倾和内倾都有使汽车转向自动回正、保持汽车直线行驶的作用。只是主销后倾的回正作用与车速有关，而主销内倾的回正作用几乎与车速无关。

3. 前轮外倾

前轮安装在车桥上后，其旋转平面相对汽车纵向垂直平面略微向外倾斜，这种现象称为前轮外倾。两个平面之间的夹角称为前轮外倾角。

前轮外倾的作用是使转向轻便和增强前轮工作的安全性。一般前轮外倾角为1°左右。非独立悬架的前轮外倾角和主销内倾角不能调整，但独立悬架的有的可以调整，如多连杆独立悬架。

4. 前轮前束

前轮安装后,两个前轮的旋转平面不平行,前端略微向内,这种现象称为前轮前束。两轮前端的距离小于两轮后端的距离,其差值即为前轮前束值,如图 3-28 所示。

前轮前束的作用是减小或消除在汽车前进中前轮外倾和纵向阻力致使前轮前端向外滚开所造成的滑移。前轮前束值可通过改变转向横拉杆长度来调整。一般汽车前轮前束值为 0～12 mm。调整时可根据规定的测量位置和测量方法使两轮的前后距离之差符合要求。

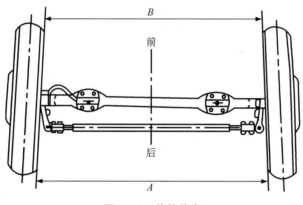

图 3-28 前轮前束

三、车轮的保养

由于汽车前轴和后轴的载荷不同,行驶路面情况不一样,轮胎在使用过程中会形成较大的磨损差别。为了让四个车轮磨损均匀,延长使用寿命,建议每隔 8 000 到 10 000 千米进行车轮换位。

轮胎换位有交叉换位法和循环换位法。对于四轮二桥汽车,斜交轮胎采用交叉换位法,如图 3-29 所示。子午线轮胎则采用循环换位法,如图 3-30 所示。

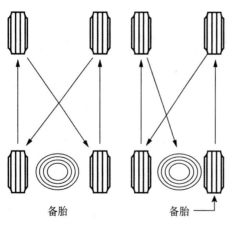

图 3-29 交叉换位法

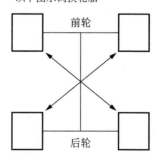

使用同一规格的对称花纹或不对称花纹轮胎的车辆,按以下图示调换轮胎

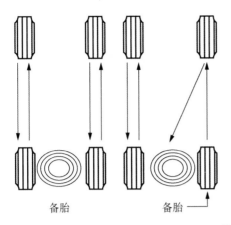
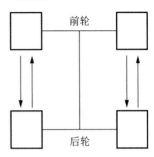

图 3-30 循环换位法

任务实施

一、任务准备

1. 工作准备

洁具:准备□ 清洁□

毛巾:准备□ 清洁□

逃生门:位置明确□ 通道畅通□

灭火器:红色□ 黄色□ 绿色□ 处理意见:

5S:整理□ 整顿□ 清洁□ 清扫□ 素养□

2. 工具准备

车轮□ 离车式动平衡机□ 鹰嘴钳□ 快速螺栓□ 平衡块□ 定位锥□

粉笔□ 毛巾□ 记录表□ 差欠:

3. 实训安排

(1) 分组:班级按 3 人 1 小组,划分成多个小组。

(2) 每组分工:3 人小组中 1 人发指令,1 人操作,1 人记录,相互配合完成实训。

(3) 每组时间:每组在 15 分钟内完成训练。

(4) 实训方式:按每轮 2 组,共 2 轮进行轮流训练。

(5) 实训设备:车轮及离车式动平衡机。

4. 安全事项

(1) 电源线完好。□

(2) 车轮完好。□

(3) 离车式动平衡机安全防护设备完好。□

二、实施步骤

实施步骤如表3-3所示。

表3-3 实施步骤

序号	步 骤	完成度
1	检查车轮平衡轴完好性	
2	根据轮辋的孔径,选择合适的定位锥	
3	将定位锥安装在平衡轴上	
4	将轮胎装上平衡轴(注意轮辐面朝外),用快速螺母锁紧	
5	检查轮胎表面花纹一致性,有无破损	
6	清洁车轮表面的污泥、砂石等附着物	
7	拆卸原车轮上的平衡块(使用鹰嘴钳)	
8	开机,观察平衡机的自查情况	
9	测量并输入轮胎数据: ① 平衡机至轮辋的距离。 ② 轮辋宽度(使用专用卡尺)。 ③ 轮辋直径(即车轮内径d)。 (所测数据不需要换算,直接输入机器)	
10	盖上保护盖,开始测量,等待轮胎停止转动,观察机器上显示的不平衡量	
11	选择平衡块(尽可能接近显示数值,必须小于等于5,且单侧平衡块不多于3块)	
12	找到平衡块安装位置:缓慢转动轮胎到内侧(或外侧)的指示灯全亮为止,将平衡块安装在平衡轴延长线上。可在该位置用粉笔做记号,以方便安装	
13	重新检查,使内、外侧不平衡数值均小于5	
14	关闭电源,拆下轮胎,清理场地	

三、清洁及整理

整理:所用工量具□

清洁场地:座椅□ 地板□ 工作台□ 零件盘□ 工位场地□

四、学生工作单

将测量数据填入表3-4中。

项目三 汽车行驶系统的认知与维修

表 3-4 学生工作单

内　　容	数　　据	备　　注
平衡机至轮辋的距离		
轮辋宽度		
轮辋直径		
调整前内侧数据		
调整前外侧数据		
调整后内侧数据		
调整后外侧数据		

任务四　行驶系统的检修

任务目标

- 掌握行驶系统常见故障的检修方法。
- 能够独立完成基本的检修操作。

任务导入

汽车行驶系统在日常行驶中会出现各种故障。因此,掌握一些常见故障的检修方法是很有必要的。

必备知识

一、轮胎异常磨损

1. 现象

常见的轮胎异常磨损有胎肩或胎面中间磨损、内侧磨损或外侧磨损、前端和后端磨损、斑状磨损等。

2. 原因

(1) 前轮外倾角、前轮前束值不符合要求。
(2) 前轴、车架或转向节变形。
(3) 横、直拉杆球头销以及球头销座磨损松旷。
(4) 钢板弹簧 U 形螺栓松动。
(5) 车轮轮毂轴承磨损松旷。
(6) 车轮不平衡度过大,轮胎气压不正常,轮胎尺寸规格不统一。

3. 诊断与排除

(1) 检查轮胎气压是否正常,如发现不正常,应按标准充气。

(2) 检查左、右轮胎尺寸规格是否一致,如发现不一致,应按要求更换尺寸、规格相同的轮胎。

(3) 检查 U 形螺栓是否松动,如发现松动,应拧紧。

(4) 检查前轮外倾角、前轮前束值是否符合要求,如发现不符合,应调整。

(5) 检查转向节主销与衬套间隙、轮毂轴承间隙是否过大,如发现过大,应修复。

二、行驶跑偏

1. 现象

行驶跑偏表现为汽车行驶时偏向一侧。此时驾驶员要把住方向盘或加力于方向盘一侧,才能让汽车保持直线行驶。

2. 原因

(1) 左、右前轮气压不一致,左、右前钢板弹簧弹力不一致。

(2) 两侧前轮制动器间隙或轮毂轴承预紧度不同。

(3) 两侧主销后倾角或前轮外倾角不等,前轮前束值不符合要求。

(4) 一侧钢板弹簧错位或折断。

(5) 转向节变形。

(6) 转向桥或车架变形,左、右轴距相差过大。

3. 诊断与排除

(1) 检查轮胎气压是否正常,如发现不正常,应按标准充气。

(2) 用手触摸跑偏一侧制动鼓和轮毂轴承,如发现过热,应调整制动器间隙和轴承预紧度。

(3) 检查钢板弹簧是否折断或弹力不均,如发现折断或弹力不均,应更换。

(4) 检查前轮外倾角、前轮前束值是否符合要求,如发现不符合,应调整。

(5) 检查左、右轴距是否相等,转向桥和车架是否变形,如发现不相等或变形,应查明原因并修复。

三、转向轮摆震

1. 现象

汽车行驶时,出现前轮摇摆、转向盘抖动现象,导致转向操纵不稳,严重时方向难以控制。

2. 原因

(1) 转向系统故障。

(2) 前轮轮毂轴承松旷,固定螺母松动。

(3) 前轮前束值过大,前轮外倾角、主销后倾角过小。

(4) 前梁弯曲,车架、前轮轮辋变形。

(5) 前轮不平衡度过大。

(6) 减震器失效,左、右前轮钢板弹簧刚度不一致。

3. 诊断与排除

(1) 排除转向系统故障。

(2) 检查前轮轴承是否松旷,转向节主销与衬套间隙是否过大,如发现不符合要求,应修复。

(3) 检查前轮前束值是否符合要求,如发现不符合,应调整。

(4) 检查U形螺栓是否松动,如发现松动,应拧紧。

(5) 检查前钢板弹簧刚度、减震器是否失效,如发现失效,应更换。

(6) 检查前轴和车架是否弯曲变形,如发现弯曲变形,应矫正或更换。

四、行驶沉重

1. 现象

汽车行驶时,动力不足,提速慢。

2. 原因

(1) 轮胎气压不足。

(2) 汽车超载。

(3) 轮胎规格不符合要求。

3. 诊断与排除

(1) 检查是否超载,如发现超载,应做相应处理。

(2) 检查轮胎胎压是否正常,如发现不正常,应做相应处理。

(3) 检查轮胎规格是否符合要求,如发现不符合要求,应做相应处理。

五、转向沉重

1. 现象

汽车行驶时转向盘上的操纵力过大。

2. 原因

(1) 转向系统故障。

(2) 轮胎气压不足。

(3) 车轮定位调整不当。

3. 诊断与排除

(1) 排除转向系统故障。

(2) 检查轮胎胎压是否正常,如发现不正常,应做相应处理。

(3) 检查车轮定位是否符合要求,如发现不符合要求,应做相应处理。

任务实施

一、任务准备

1. 工作准备

洁具:准备□　清洁□

毛巾:准备□ 清洁□
逃生门:位置明确□ 通道畅通□
灭火器:红色□ 黄色□ 绿色□ 处理意见:
5S:整理□ 整顿□ 清洁□ 清扫□ 素养□

2. 工具准备

别克轿车□ 子母件式举升机□ 百斯巴特四轮定位仪□ 粉笔□ 毛巾□ 记录表□ 差欠:

3. 实训安排

(1) 分组:班级按3人1小组,划分成多个小组。
(2) 每组分工:3人小组中1人发指令,1人操作,1人记录,相互配合完成实训。
(3) 每组时间:每组在15分钟内完成训练。
(4) 实训方式:按每轮2组,共2轮进行轮流训练。
(5) 实训设备:百斯巴特四轮定位仪。

4. 安全事项

(1) 传感器安装固定到位。□
(2) 车辆制动正常。□
(3) 子母件式举升机安全防护设备完好。□

二、实施步骤

实施步骤如表3-5所示。

表3-5 实施步骤

序号	步骤	完成度
1	将车辆停放在子母件式举升机上	
2	将转向轮居中放置在两个转角盘上,将转角盘与后滑板通过固定销固定	
3	使车轮在直线行驶位置(转向盘居中)	
4	使车辆无负载,拉紧手刹	
5	根据车轮尺寸调整定位仪卡具	
6	调整下方两个尼龙爪的位置和卡臂的伸出长度,将两个尼龙爪顶在钢圈的凸起外沿上	
7	松开上方尼龙爪的旋钮,将其顶在钢圈凸起的外沿上,然后拧紧旋钮	
8	用两手同时推动卡具,使卡臂卡在轮胎花纹处,然后挂上安全钩	
9	检查卡具是否安装牢固	
10	将四个传感器安装在卡具上	
11	连接通信电缆	
12	拔掉转向盘和后滑板上的定位销	
13	将车辆举升后落位到举升机安全锁止位置	

续表

序号	步　骤	完成度
14	开启传感器电源,在指示灯亮起后,按"R"键激活各个传感器	
15	将传感器调整到水平位置,使气泡居中	
16	打开定位仪电源,进入测量界面	
17	按"F3"键进入下一步,进行测量	
18	做好测量前的准备工作,包括输入登记表格,选择车型和偏位补偿	
19	进入车型选择界面,选择车型	
20	偏位补偿:使用四点式补偿测量法。在测量中,根据电脑提示,将车轮旋转1/4周,提取一个参数点;再旋转1/4周,再提取一个参数点。一个车轮共提取四个点	
21	降下汽车,落至转角盘上,按电脑提示,将传感器调水平	
22	安装定位仪刹车锁	
23	安装完毕,根据显示屏上出现的方向盘对中提示图案转动方向盘,将箭头对准绿色区域	
24	将方向盘先对中,检测后轴定位参数	
25	将方向盘向右打120°、向左打120°。检测前轴主销后倾角、主销内倾角	
26	接着对中,检测前轮外倾角、前轮前束值	
27	做完测量后,根据定位仪显示的汽车测量的数据列表可以看到被测汽车所有的数据,将这些数据与原厂数据比较,从而确定车轮调整项目	

三、清洁及整理

整理:所用工量具□

清洁场地:座椅□　地板□　工作台□　零件盘□　工位场地□

项目四 汽车制动系统的认知与维修

项目描述

制动系统是汽车底盘的最重要的安全装置之一,一旦出现故障,若不及时采取措施修复,后果将不堪设想。汽车制动系统对确保车辆的安全行驶、减少交通事故以及保护驾驶员的人身安全起着重要的作用。熟悉汽车制动系统的组成,掌握制动系统的工作原理,是学习汽车底盘并对制动系统进行检修的基础。

学习目标

1. 知识目标
(1) 掌握制动系统的功用、类型、组成及工作过程。
(2) 掌握制动系统的制动传动装置的结构和工作原理。
(3) 掌握制动防抱死系统(ABS)和防滑控制系统(ASR)的作用和工作原理。

2. 技能目标
(1) 能对汽车制动系统进行基本的检查、维护和检修。
(2) 具备分析和检修汽车制动系统故障的能力。

任务一 制动系统结构与组成的认知

任务目标

- 掌握制动系统的功用、类型和组成。
- 掌握制动系统的结构和工作原理。

任务导入

学习汽车制动系统的组成和作用,对照盘式制动器进行具体结构认知,掌握制动系统的工作原理。

必备知识

一、制动系统的功用与类型

1. 制动系统的作用

制动系统的作用是根据需要使汽车减速或在最短的距离内停车,以确保行车安全,并保障制动过程的稳定性;在下坡行驶时保持车速稳定;使停驶的汽车可靠驻停。

2. 制动系统的类型

(1) 按作用分类。

制动系统按作用可分为行车制动系统、驻车制动系统、应急制动系统以及辅助制动系统等。

① 行车制动系统:使行驶中的汽车减慢速度甚至停车的制动系统。

② 驻车制动系统:使已停驶的汽车驻留原地不动的制动系统。

③ 应急制动系统:在行车制动系统失效的情况下,保证汽车仍能实现减速或停车的制动系统。

④ 辅助制动系统:当汽车下长坡时,为了减轻行车制动器的磨损而设的辅助装置。

以上各制动系统中,行车制动系统和驻车制动系统是每辆汽车都必须具备的,是汽车的基本制动装置。

(2) 按操纵的能源分类。

制动系统按操纵的能源可分为人力制动系统、动力制动系统和伺服制动系统等。

① 人力制动系统:以人力作为唯一制动动力源的制动系统。

② 动力制动系统:由发动机动力转化而成的气压或液压形式势能进行制动的制动系统。

③ 伺服制动系统或助力制动系统:兼用人力和发动机动力进行制动的制动系统。

(3) 按制动能量的传输方式分类。

制动系统按制动能量的传输方式可分为机械式、液压式、气压式和电磁式等。同时采用两种以上传能方式的制动系统称为组合式制动系统。

二、制动系统的基本组成

汽车上装有彼此独立的多套制动系统,它们起作用的时刻不同,但结构相似。制动系统一般由供能装置、控制装置、传动装置和制动器4个部分组成,如图4-1所示。

1. 供能装置

供能装置是供给、调节制动所需能量及改善传能介质状态的各种部件。

2. 控制装置

控制装置是产生制动动作和控制制动效果的各种部件,即制动踏板机构。

3. 传动装置

传动装置是将驾驶员及其他动力源的作用力传到制动器,同时控制制动器的工作,从而获得所需制动力矩的各种部件。它包括将制动能量传输到制动器的各个部件,如制动主缸、制动轮缸和制动管路等。

4. 制动器

制动器是产生阻碍车辆的运动或运动趋势的制动力的部件。汽车上常用的制动器都是利用固定元件与旋转元件工作表面的摩擦而产生制动力矩的,称为摩擦制动器。

较完善的制动系统还具有制动力调节装置、报警装置、压力保护装置等附加装置。

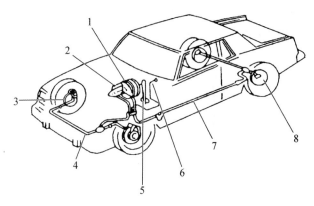

1—真空增压器;2—制动主缸;3—前轮盘式制动器;4—前系统;5—制动踏板;6—驻车制动杆;
7—后系统;8—后轮鼓式制动器

图 4-1 制动系统的组成

三、制动系统的结构与工作原理

制动系统利用与车身或车架相连的非旋转元件和与车轮或传动轴相连的旋转元件之间的相互摩擦来阻止车轮的转动或转动的趋势,并将运动着的汽车动能转化为摩擦副的热能耗散到大气中。

1. 基本结构

图 4-2 所示为液压行车制动装置。它由车轮制动器和液压制动传动装置两部分组成。车轮制动器由旋转部分、固定部分、张开机构和定位调整机构组成。旋转部分是固定在轮毂上并与车轮一起旋转的制动鼓;固定部分主要包括制动蹄和制动底板;张开机构是液压制动轮缸或气压制动凸轮;定位调整机构主要由偏心支承销和调整凸轮组成。

2. 工作原理

当汽车在行驶过程中不需要制动时(以液压制动为例),所有机件处于安装的原始位置。制动蹄与制动鼓之间保持一定的间隙,制动鼓随车轮自由转动而不受阻碍。

当汽车在行驶过程中需要制动时,驾驶员踩下制动踏板,通过推杆和主缸活塞,使主缸内的油液产生一定压力后流入轮缸,既而推动轮缸活塞,使两个制动蹄绕支承销转动,上端向两边张开,使其摩擦片压紧在制动鼓的内圆面上。不旋转的制动蹄就对旋转的制动鼓产生一个摩擦力矩 M,其方向与车轮旋转方向相反。这时,制动鼓将该力矩传到车轮。由于车轮与路面间的附着作用,车轮对路面作用一个向前制动力即周缘力 F_a,同时,路面也对车轮作用一个向后的反作用力即制动力 F_b。制动力 F_b 由车轮经车桥和悬架传给车架及车身,迫使汽车减速或停车。

当放松制动踏板时,油液流回主缸,在各同位弹簧作用下,制动蹄与制动鼓又恢复了原来的间隙,从而解除制动。

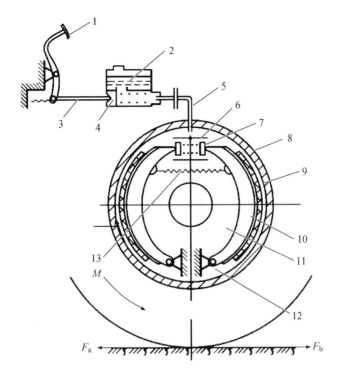

1—制动踏板；2—制动主缸；3—推杆；4—主缸活塞；5—油管；6—制动轮缸；7—轮缸活塞；8—制动鼓；
9—摩擦片；10—制动蹄；11—制动底板；12—支承销；13—回位弹簧

图 4-2　液压行车制动装置

一、任务准备

1. 工作准备

洁具：准备□　清洁□

毛巾：准备□　清洁□

逃生门：位置明确□　通道畅通□

灭火器：红色□　黄色□　绿色□　处理意见：

5S：整理□　整顿□　清洁□　清扫□　素养□

2. 工具准备

扭力扳手□　铁锤□　尖嘴钳□　平口起子□　摇杆□　快速扳手□　套筒□　短接杆□　大号套筒□　重型快速扳手□　重型轮芯锁紧螺母套筒□　毛巾□　细纱布□

工具及辅料已备齐□　差欠：

3. 实训安排

（1）分组：班级按 3 人 1 小组，划分成多个小组。

（2）每组分工：3 人小组中 1 人发指令，1 人操作，1 人记录，相互配合完成实训。

（3）每组时间：每组在 15 分钟内完成训练。

(4) 实训方式:按每轮 2 组,共 2 轮进行轮流训练。
(5) 实训设备:实训中心整车一台或制动系统总成工作台。

4. 安全事项

(1) 实训台架的车轮制动器总成及部件支撑稳固。□
(2) 车轮制动器解体的零部件摆放规范。□
(3) 手持拆装部件周身无锐口、无毛刺。□

二、实施步骤

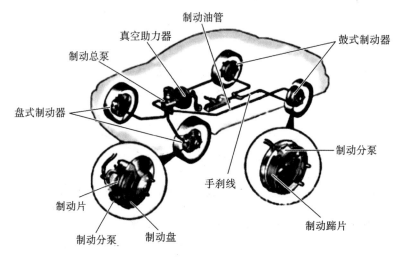

图 4-3 部分制动系统部件

图 4-3 所示为部分制动系统部件。请在实训车上查找以下制动系统部件:
制动踏板□　手刹拉杆□　制动主缸□　真空助力器□　盘式制动器□
鼓式制动器□　制动油管□　制动分泵□　制动盘□　　制动片□　　制动蹄片□

三、清洁及整理

整理:所用工量具□
清洁场地:座椅□　地板□　工作台□　零件盘□　工位场地□

学后测评

一、填空题

1. 汽车的制动系统由_____、_____、_____和制动器组成。
2. 制动系统是用来按照驾驶员的要求进行_____,甚至_____。
3. 制动是将汽车的_____强制地转化为_____,散发到_____。
4. 按制动能量的传输方式分类,制动系统可分为_____、_____、_____和电磁式等。
5. 较为完善的制动系统中还包括_____、_____与_____。

二、写出部件名称

写出图 4-4 中的部件名称。

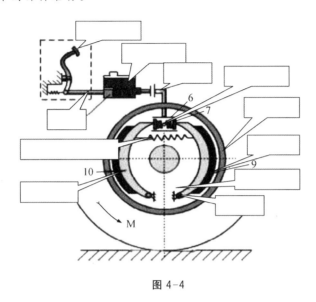

图 4-4

三、简答题

1. 汽车制动系统的作用是什么？它由哪些装置组成？

2. 简述制动系统的工作原理。

任务二　制动器的认知与检修

任务目标

- 掌握制动器的功用、类型。
- 掌握制动器的结构和工作原理。
- 掌握制动器的检修方法。

任务导入

对照鼓式制动器和盘式制动器进行具体结构认知，掌握制动器的工作原理和检修方法。

必备知识

一、制动器的作用及类型

凡利用固定元件与旋转元件工作表面的摩擦而产生制动力矩的制动器都称为摩擦制动器。由于汽车上常用的制动器是摩擦制动器,因此这里仅对摩擦制动器做相关介绍。一般制动器都是通过固定元件对旋转元件施加制动力矩,使旋转元件的角速度减慢,同时依靠车轮与地面的附着作用,使路面产生对车轮的制动力矩以达到使汽车减速或停止的目的。

按结构形式,制动器可分为鼓式制动器和盘式制动器,如图4-5所示。按制动时两个制动蹄对制动鼓作用的径向作用力之间的关系,制动器可分为简单非平衡式制动器、平衡式制动器和自增力式制动器。

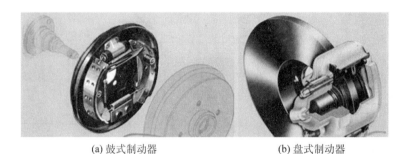

(a) 鼓式制动器　　　　　　　(b) 盘式制动器

图 4-5　制动器

二、鼓式制动器

1. 鼓式制动器的结构组成

鼓式制动器主要由旋转部分(如制动鼓)、固定部分(如制动蹄、制动底板、摩擦片)和制动蹄促动装置[如制动轮缸(制动分泵)]组成。图4-6所示为桑塔纳轿车后轮鼓式制动器。

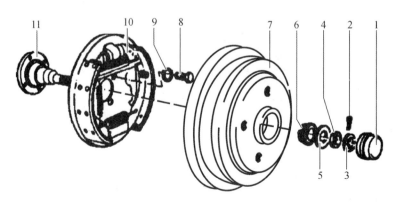

1—润滑脂盖;2—开口销;3—锁止环;4—六角螺母;5—上止推垫圈;6—车轮外轴承;
7—制动鼓;8—六角螺栓;9—蝶形垫圈;10—制动底板和制动蹄片;11—短轴

图 4-6　桑塔纳轿车后轮鼓式制动器

(1) 制动鼓。

旋转部分的制动鼓用耐磨的灰铸铁制成,以鼓盘中部的止口和端部定位,并用螺栓固定在车轮轮毂的凸缘上,随同车轮旋转。制动鼓的边缘有一个用于检查制动蹄与制动鼓间隙的检查孔,如图4-7所示。

图4-7 制动鼓和制动蹄

(2) 制动蹄、制动底板、摩擦片。

制动底板通过其中部的螺孔用螺栓固定在转向节或桥壳的凸缘上。制动蹄经支承销安装在制动底板上,不随车轮转动。内张型鼓式制动器都采用带摩擦片的制动蹄作为固定元件;制动蹄的外圆面上,用埋头铆钉铆合着一块用石棉纤维及其他物质混合压制而成的摩擦片;铆钉头顶端埋入深度约为新摩擦片厚度的一半。为提高摩擦片的利用率,有的轻型车采用了树脂胶黏结剂将摩擦片与制动蹄黏结。

(3) 制动蹄促动装置。

鼓式制动器结构中对制动蹄端加力使制动蹄转动张开的装置称为制动蹄促动装置。根据制动蹄促动装置的不同,鼓式制动器的制动蹄促动装置可分为轮缸式促动装置和凸轮式促动装置,如图4-8所示。

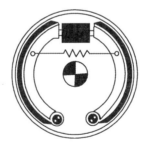
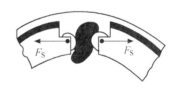

(a) 轮缸式促动装置　　(b) 凸轮式促动装置

图4-8 制动蹄促动装置

2. 鼓式制动器的工作原理

鼓式制动器多为内张双蹄式,即以制动鼓的内圆柱面为工作表面,有两个制动蹄与其配合使用。制动时,驾驶员踩下制动踏板,推杆对制动主缸的制动液施加压力,使两蹄在轮缸中的液压作用下,各自绕其支承销偏心轴颈中心线向外旋转,紧压到制动鼓上摩擦产生制动阻力;解除制动时,驾驶员松开制动踏板,解除对制动液的压力,使两蹄在回位弹簧的作用下复位,摩擦片离开制动鼓并留出一定的间隙。

(1) 非平衡式制动器(领从蹄式制动器)。

非平衡式制动器指制动鼓受到的来自两个制动蹄的切向力不能互相平衡的制动器。

汽车前进时制动鼓的旋转方向如图4-9中箭头所示,为制动鼓旋转正方向。沿箭头方向看去,前制动蹄(1)的支承点在其前端,轮缸施加的促动力作用于其后端,因而该制动蹄张开时的旋转方向与制动鼓旋转方向相同。具有这种属性的制动蹄称为领蹄。与此相反,后制动蹄(4)的支承点在后端,促动力加于其前端。该制动蹄张开时的旋转方向与制动鼓的旋转方向相反。具有这种属性的制动蹄称为从蹄。汽车制动时,F_{T1}增大,即领蹄具有"增势"作用;同时,F_{T2}有减小的趋势,即从蹄具有"减势"作用。当汽车倒向行驶时,即制动鼓反向旋转时,1变成从蹄,4变成领蹄。这种在制动鼓正向旋转和反向旋转时都有一个领蹄和一个从蹄的制动器称为领从蹄式制动器。

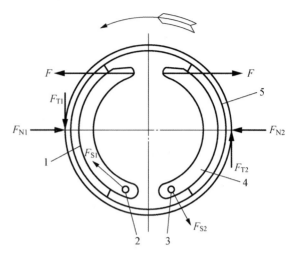

1—前制动蹄;2、3—支承销;4—后制动蹄;5—制动鼓

图4-9 领从蹄式制动器结构图

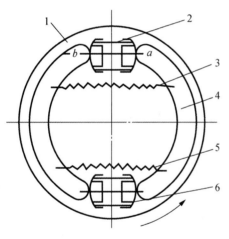

1—制动底板;2—制动轮缸;3—回位弹簧;
4—制动蹄;5—回位弹簧;6—制动轮缸

图4-10 双领蹄式制动器结构图

(2) 平衡式制动器(双领蹄式制动器)。

平衡式制动器指制动鼓受到的来自两个制动蹄的切向力互相平衡的制动器。

在制动鼓正向旋转时,两蹄均为领蹄的制动器称为双领蹄式制动器,如图4-10所示。两个制动蹄各用一个单活塞式轮缸,而且两套制动蹄、支承销和制动轮缸等在制动底板上的布置是呈中心对称的,以代替领从蹄式制动器中的轴对称布置,两个轮缸中的油压相等。于是,在前进制动时,两蹄都是领蹄,制动器的效能因而得到增强。在倒车制动时,两蹄都变成从蹄。

(3) 自动增力式制动器的工作原理。

自动增力式制动器将两蹄用推杆浮动铰接,利用传力机件的张开力使两蹄产生助势作用。另外,还充分利用前蹄的助势作用推动后蹄,使总的摩擦力矩进一步增大,即"增力"。

① 单向自动增力式制动器。

汽车前进时单活塞式轮缸只将促动力F_{S1}施加于前制动蹄,整个制动蹄绕顶杆左端支承点旋转压靠在制动鼓上,并通过顶杆把促动力F_{S2}施于后蹄的下端。

由结构可知,F_{S2}对后蹄的力臂大于F_{S1}对前蹄的力臂。因此,后蹄的制动力矩大于前蹄的制动力矩,如图4-11所示。由此可见,在制动鼓尺寸和摩擦因数相同的条件下,这种制动器的前进制动效能不仅高于领从蹄式制动器,也高于双领蹄式制动器。但在倒车制动时,整个制动器的效能很低。

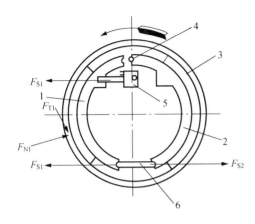

1—前制动蹄；2—后制动蹄；3—制动鼓；
4—支承销；5—轮缸；6—顶杆

图 4-11 单向自动增力式车轮制动器

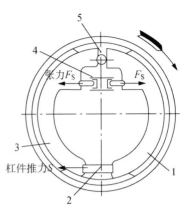

1—前制动蹄；2—顶杆；3—后制动蹄；
4—轮缸；5—支承销

图 4-12 双向自动增力式制动器

② 双向自动增力式制动器。

双向自动增力式制动器的结构原理如图 4-12 所示。它的结构不同于单向自动增力式制动器，采用了双活塞式轮缸。双向自动增力式制动器在前进和倒车时，可向两蹄同时施加相等的制动力，而且效能一致。

在制动过程中，自动增力式制动器制动力矩的增加在某些情况下显得过于急速。双向自动增力式制动器多用于轿车的后轮，因为其便于兼作驻车制动器；单向自动增力式制动器只用于中、轻型汽车的前轮，因为倒车制动时对前轮制动器效能的要求不高。

3. 鼓式制动器的检修

（1）鼓式制动器的拆装要点。

分解前轮制动器时先支起前桥，用轮胎螺母拆装机拆去轮胎螺母，拆下前轮。然后拆去前轮毂盖，剃平锁紧螺母锁片，拧下锁紧螺母，取下锁片及锁止垫圈。再拧出轮毂轴承预紧度调整螺母，用轴承拉拔器从转向节上拉下轮毂及制动鼓。再用拉簧钩拆下制动蹄回位弹簧，取下支承销的垫板，拆下支承销，制动凸轮，调整臂总成及制动气室。最后拆下制动底板。后轮制动器的拆卸方法基本与前轮制动器的相同。

鼓式制动器的装配按上述相反顺序装复。但要注意：在装复过程中，两个制动蹄的位置不能互换，其上端面要与凸轮工作面完全贴合，支承销端部的标记朝内相对，如图 4-13 所示。

图 4-13 制动蹄支承销端部标记

（2）鼓式制动器的检修。

① 制动鼓的检修。

车轮制动主要是由制动鼓与摩擦片相互摩擦产生制动力而迫使车辆减速和停车。长期使用，使制动鼓被磨损，造成制动鼓失圆、工作面出现沟槽等。制动鼓的工作表面必须平整光滑，与摩擦片贴合，符合技术标准。

检修方法：观察并敲击制动鼓，检查其有无裂纹，若发现有裂纹，应换用新件。用弓形内径规或百分表检测制动鼓的磨损和圆度误差，检测方法如图 4-14 所示。制动鼓内圆面的圆度误差不得大于 0.125 mm,且应无明显的沟槽,否则,检修人员应将制动鼓放在专用镗毂机上进行镗削加工。镗削后制动鼓内径不得大于 424 mm,也不得超过允许的最大修理尺寸,且同一轿车上左、右制动鼓的内径尺寸差应小于 1 mm。若制动鼓内径超过使用极限时,则该制动鼓应更换。

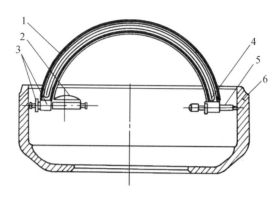

1—弓形架；2—百分表；3—锁紧装置；4—锁紧螺母；5—调节杆；6—制动鼓

图 4-14　检查制动鼓内圆面的圆度误差

② 制动蹄及摩擦片的检修。

检修方法：观察并敲击制动蹄及摩擦片,检查其有无裂纹。如果发现有裂纹,应换用新件。如果未发现裂纹,应按样板检查制动蹄,若发现制动蹄扭曲或变形较小,可进行冷压校正。且用游标卡尺深度尺测量摩擦片铆钉头距摩擦片表面的距离和摩擦片厚度,该距离应不小于 0.80 mm,厚度应不小于 9 mm;否则,摩擦片或制动蹄总成应更换。若发现摩擦片油污较轻,只有少量磨损,可用汽油清洗油污,清洗后必须加温烘干,然后用锉刀和粗纱布修磨平整,再用摩擦片与制动鼓表面测试贴合面积,若发现贴合面积达到技术标准,可继续使用。

（3）鼓式制动器制动间隙的自动调整。

这里以上海桑塔纳轿车后轮制动器为例说明其自动调整过程。桑塔纳轿车后轮制动器的间隙调整装置为推力板上装有楔杆的自调装置,其结构如图 4-15 所示。

两个制动蹄之间由一根制动压杆连接。楔杆的水平弹簧使楔杆与制动压杆之间产生摩擦,防止楔杆下移。楔杆的垂直弹簧的弹力使楔杆有下移的趋势。若制动间隙正常时,楔杆静止不动。

当制动间隙大于规定值时,制动蹄张开的行程加大,垂直弹簧的弹力 F_2 也增大,此时 $F_2 > F_1$,迫使楔杆下移。同时制动压杆的水平弹力也被加大,F_1 也相应增大,使楔杆与制动压杆在新的位置处于静止状态。

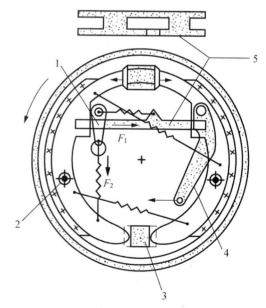

1—楔杆；2—定位杆；3—浮式支承座；
4—驻车制动杠杆；5—制动压杆

图 4-15　在推力板上装楔杆的自调装置

解除制动后,制动蹄在回位弹簧作用下收拢。由于制动压杆变长,只能被压紧在新的位置上,不可能恢复到制动前的位置,于是磨损变大的制动间隙得到了补偿,恢复到初始的间隙,实现制动间隙自动调整,保持规定的制动间隙值不变。

三、盘式制动器

盘式制动器由制动盘、制动钳和摩擦片组成。当驾驶员踩下制动踏板时,传动机构使制动钳夹紧制动盘,通过摩擦产生制动作用。盘式制动器分定钳盘式制动器和浮钳盘式制动钳。

盘式制动器散热能力强,热稳定性能好。轿车、小客车的前轮大多采用盘式车轮制动器。

1. 盘式制动器的结构组成

(1) 制动盘。

制动盘即刹车盘,是一个以端面为工作面的金属圆盘,用合金钢制造并和车轮一起固定。制动盘安装在轮毂上,与车轮一起旋转。一般制动盘有圆孔,其作用是减轻重量和增加摩擦力。其结构如图 4-16 所示。

图 4-16 盘式制动器的制动盘

(2) 制动钳。

制动钳安装在车桥的转向节上。汽车在行驶过程中,制动盘随着车轮转动。制动钳是固定不动的,当刹车时,制动钳推动制动片夹住制动盘完成制动作用,如图 4-17 所示。盘式制动器按制动钳固定在支架上的结构形式分为定钳盘式和浮钳盘式两种制动器。

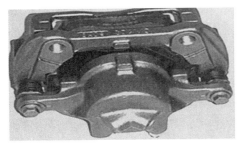

图 4-17 制动钳

(3) 摩擦片。

在汽车的制动系统中,摩擦片是最关键的安全零件,它决定汽车的刹车效果,如图4-19所示。

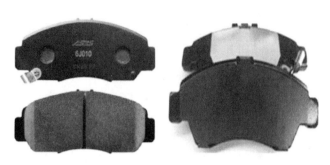

图4-18 摩擦片

2. 盘式制动器的工作原理

(1) 定钳盘式制动器的工作原理。

定钳盘式制动器的制动钳轴向位置是固定的,轮缸分别布置在制动钳的两侧。这种制动器除活塞和摩擦片外无滑动元件。制动时,制动液被压入左、右两个轮缸内。活塞在制动液压力作用下,将摩擦片总成紧压在制动盘上,产生摩擦力矩,从而产生制动作用。解除制动时,活塞和摩擦片总成在回位弹簧作用下回到原始位置。

(2) 浮钳盘式制动器的工作原理。

浮钳盘式制动器的制动钳通过导向销和桥壳相连,可以相对于制动盘轴线方向移动。图4-19所示为浮钳盘式制动器的结构示意图。它与定钳盘式制动器的不同之处在于:制动钳相对于制动盘沿浮动销做轴向移动,而且制动油缸只安装在制动盘的内侧,数目只有定钳盘式制动器的一半。制动时液压作用力推动活塞,使内侧摩擦片压靠制动盘,同时钳体上受到的反力使钳体连同固装在其上的外侧摩擦片压靠在制动盘的另一侧面上,直到两侧摩擦片受力均匀并夹紧制动盘为止。

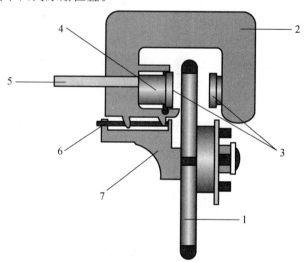

1—制动盘;2—制动钳体;3—摩擦片;4—活塞;5—液压油路;
6—消声片;7—钳体支架

图4-19 浮钳盘式制动器的结构

与定钳盘式制动器相比,浮钳盘式制动器的优点是:其外侧无液压件,单侧的油缸结构不需要跨越制动盘的油道,故不仅其轴向尺寸和径向尺寸小,能够布置得更接近轮毂,而且气阻不易产生。此外,浮钳盘式制动器在兼作驻车制动器的情况下,不用加装驻车制动钳,只需在行车制动钳油缸附件中加一些用以推动油缸活塞的驻车制动机械传动零件即可。浮钳盘式制动器的缺点是刚度较差,摩擦片易产生偏磨。

3. 盘式制动器的检修

（1）盘式车轮制动器的拆装要点。

这里以上海桑塔纳 LX 型轿车前轮盘式制动器为例。其结构如图 4-20 所示。

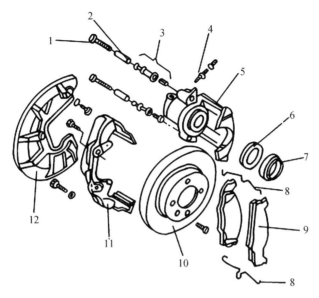

1—螺栓；2—导向销；3—塑料衬套；4—放气螺钉；5—制动钳体；6—密封圈；7—防尘罩；8—定位弹簧；
9—制动蹄；10—制动盘；11—制动钳支架；12—防溅盘

图 4-20　桑塔纳 LX 型轿车前轮盘式制动器结构

① 拆卸要点。

首先用扳手松开车轮螺栓、螺母，取下车轮。然后卸下定位弹簧及定位螺栓，拆下制动钳体，并将制动钳体用绳或铁丝吊于车身上，用压具将活塞压回。这里要注意：将活塞压回活塞缸内之前，必须先抽出储液罐中的制动液，防止制动液外溢。再从制动盘两侧，从制动钳支架上取下两片制动摩擦片。如果更换新摩擦片，可将新摩擦片装在制动钳支架上，最后拆下制动盘。

② 安装要点。

先装上制动盘，并放好制动摩擦片（摩擦片表面不得有任何油污）；再安装制动钳体，按规定扭矩拧紧定位螺栓及螺母，并安装上、下定位弹簧；最后安装车轮等部件。安装完毕后，应用力踩制动踏板数次，使制动器自动将间隙调整到正确位置。

（2）盘式制动器的检修。

① 若发现制动盘的端面圆跳动误差大于 0.06 mm，制动盘表面具有明显的磨损台阶及拉伤沟槽，可进行加工修复。

② 检查制动盘的厚度，当发现厚度过小时（磨损极限为 8 mm），应换用新件。

③ 检查制动蹄摩擦片的厚度，若发现小于 7 mm（包括底板），必须更换摩擦片，且左、右轮必须成套更换（4 片摩擦片、4 片弹簧片）。

④ 检查制动钳体，若发现有漏油之处，应换用新的活塞密封圈。

（3）盘式制动器制动间隙的自动调整。

这里以上海桑塔纳乘用车前轮为例。盘式制动器制动间隙是利用密封圈的弹性形变来实现自动调整的,其原理如图 4-21 所示。

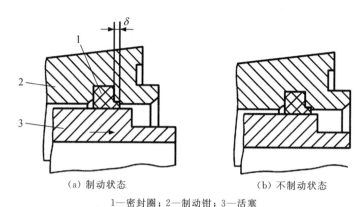

(a) 制动状态　　　　　　(b) 不制动状态

1—密封圈；2—制动钳；3—活塞

图 4-21　桑塔纳轿车前轮盘式制动器制动间隙自动调整

矩形密封圈嵌在制动钳油缸内的矩形槽内。密封圈刃边与活塞外圈配合较紧。制动时刃边在摩擦作用下随活塞移动,使密封圈随即发生弹性形变。相应于极限摩擦力的密封圈极限变形量 δ,应等于制动器间隙为设定值时完全制动所需的活塞行程。解除制动时,密封圈恢复原状。活塞在密封圈弹力作用下退回原位。当制动盘与摩擦片磨损后引起的制动间隙超过设定值时,制动时密封圈变形量达到极限值 δ 后,活塞仍可在液压作用下,克服密封圈的摩擦力而继续移动,直到实现完全制动为止。解除制动后,制动器间隙即恢复到设定值。密封圈兼起活塞复位弹簧和一次调准式间隙自调装置的作用。

任务实施

一、任务准备

1. 工作准备

洁具:准备□　清洁□

毛巾:准备□　清洁□

逃生门:位置明确□　通道畅通□

灭火器:红色□　黄色□　绿色□　处理意见:

5S:整理□　整顿□　清洁□　清扫□　素养□

2. 工具准备

扭力扳手□　铁锤□　尖嘴钳□　平口起子□　摇杆□　快速扳手□　套筒□　短接杆□　大号套筒□　重型快速扳手□　重型轮芯锁紧螺母套筒□　毛巾□　细纱布□

工具及辅料已备齐□　差欠:

3. 实训安排

(1) 分组:班级按 3 人 1 小组,划分成多个小组。

(2) 每组分工:3 人小组中 1 人发指令,1 人操作,1 人记录,相互配合完成实训。

(3) 每组时间:每组在 18 分钟内完成训练。

(4) 实训方式:按每轮 2 组,共 2 轮进行轮流训练。

(5) 实训设备:实训中心整车一台或制动系统总成工作台。

4. 安全事项

(1) 实训台架的车轮制动器总成及部件支撑稳固。□
(2) 车轮制动器解体的零部件摆放规范。□
(3) 手持拆装部件周身无锐口、无毛刺。□

二、实施步骤

(1) 鼓式制动器的拆装、识别。
(2) 盘式制动器的拆装、识别。

三、清洁及整理

整理:所用工量具□
清洁场地:座椅□　地板□　工作台□　零件盘□　工位场地□

学后测评

一、填空题

1. 凡利用固定元件与旋转元件工作表面的摩擦而产生制动力矩的制动器都称为_____。
2. 摩擦制动器有_____和_____两种结构形式。
3. 鼓式制动器主要由旋转部分、_____和_____组成。
4. 盘式制动器由制动盘、_____和_____组成。

二、简答题

1. 简述制动器的作用及其类型。

2. 写出图 4-22 中数字所对应的部件名称。

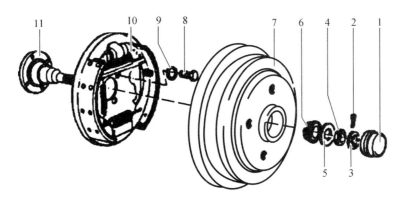

图 4-22　简答题图

1. _____ 2. _____ 3. _____ 4. _____
5. _____ 6. _____ 7. _____ 8. _____
9. _____ 10. _____ 11. _____

任务三 液压制动传动装置的检修

任务目标

- 掌握液压制动传动装置的类型。
- 掌握液压制动传动装置的结构和工作原理。
- 掌握液压制动传动装置的检修方法。

任务导入

学习汽车制动系统的组成和作用,对照液压制动传动装置进行具体结构认知,掌握液压制动传动装置的工作原理和检修方法。

必备知识

液压制动传动装置利用特制油液作为传力介质,将制动踏板力转化为油液压力,并通过管路传至车轮制动器,再将油液压力转化为制动蹄张开的推力,从而产生制动作用。液压制动传动装置的优点是:制动柔和灵敏,结构简单,维护方便,不消耗发动机功率。缺点是:操纵较费力,制动力不太大,制动液会受温度变化而削弱其制动效能。液压制动传动装置已被广泛应用在轿车和重型汽车上。

一、液压制动传动装置的类型

1. 单管路液压制动传动装置

单管路液压制动传动装置利用一个制动主缸,通过一套相互连通的管路,控制全车制动器。装置中一处漏油,会使整个制动系统失效。目前,一般汽车上已很少采用这种装置。

2. 双管路液压制动传动装置

双管路液压制动传动装置采用了两个彼此独立的液压系统,当一个液压系统发生故障时,另一个液压系统仍然工作,从而增强了汽车制动的可靠性和安全性。现代汽车通常都采用双管路液压制动传动装置。双管路液压制动传动装置分为前后独立式与交叉式两种。

(1) 前后独立式。如图4-23所示,前后独立式双管路液压制动传动装置由双腔制动主缸通过两套(一轴对一轴)独立管路分别控制前桥和后桥的车轮制动器。如果其中一套管路损坏漏油,另一套仍能起作用,但会破坏前、后桥制动力分配的比例。这种装置主要用于发动机前置、后轮驱动的汽车。

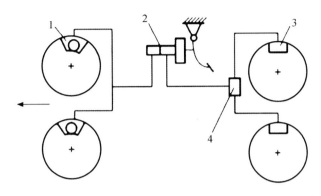

1—盘式制动器；2—双腔制动主缸；3—单缸鼓式制动器；4—制动力调节器

图 4-23　前后独立式双管路液压制动传动装置

制动时，驾驶员踩下制动踏板，通过推杆推动双腔制动主缸的前、后活塞前移，使主缸前、后腔油压升高，制动液分别同时流至前、后车轮制动轮缸。轮缸的活塞在制动液压力的作用下向外移动，进而推动制动蹄张开压向制动鼓，产生制动效能。

当驾驶员松开制动踏板时，制动蹄和轮缸活塞在回位弹簧作用下各自回位，并将制动液压回制动主缸，从而解除制动。

（2）交叉式（也称对角线式）。

该装置由双腔制动主缸通过两套独立（交叉）管路分别控制前、后桥对角线方向的两个车轮制动器。这种布置方式在一套管路失效时，仍能保持一半的制动力，且前、后桥制动力分配比例保持不变，有利于增强制动方向的稳定性。它主要用于对前轮制动力依赖性较大的发动机前置、前轮驱动的汽车。

交叉式双管路液压制动传动装置如图 4-24 所示。这种装置的特点是，每套管路连接一个前轮和对角线上的一个后轮。当制动系统中任一回路失效时，剩余制动力仍能保持正常总制动力的 50%。当汽车在高速状态制动时，这种装置能保证后轮不抱死或者前轮比后轮先抱死，避免制动时后轮失去侧向附着力而造成汽车失控，确保行车安全。

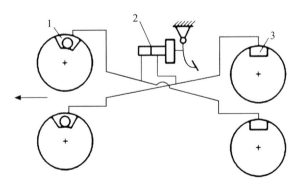

1—盘式制动器；2—双腔制动主缸；3—单缸鼓式制动器

图 4-24　交叉式双管路液压制动传动装置

二、液压制动传动装置的主要部件

1. 制动主缸

制动主缸又称制动总泵,处于制动踏板与管路之间。其作用是将制动踏板的机械能转化成液压能。

制动主缸分为单腔和双腔两种,分别作用于单回路和双回路制动系统。按交通法规的要求,现代汽车的行车制动系统必须采用双回路制动系统,因此液压制动系统都采用串联双腔制动主缸。

主缸内有两个活塞。后活塞右端连接推杆。前活塞位于缸筒中间,把主缸内腔分成两个腔。两腔分别与前、后两条液压管路相通。储液罐分别向各自管路供给制动液。每个腔室具有各种回位件、密封件、复合阀等。

制动时,主缸中的推杆向前移动,使皮碗盖住储液罐进油口。此时后腔室液压升高,迫使油液向后轮制动器流动,推动后轮制动器工作,与此同时,在后腔室液压和后活塞弹簧弹力作用下,推动前活塞向前移动。前腔压力随之增大,迫使油液流向前轮制动器,推动前轮制动器工作。

制动踏板放松时,主缸中活塞和推杆在前后活塞弹簧的作用下回到原始位置,制动解除。

当前腔控制的回路发生故障时,前活塞不产生液压,前轮制动失效。但在后活塞液压作用下,前活塞被推到最前端,后腔产生的液压仍使后轮产生制动。若后腔控制的回路发生故障,前腔仍能产生液压,使前轮产生制动,确保行车安全。

2. 制动轮缸

制动轮缸又称制动分泵。其作用是把来自主缸的油液压力转化为轮缸活塞的机械推力,使制动蹄压靠在制动鼓上产生制动作用。制动轮缸的常见类型有单活塞式、阶梯式等。单活塞式制动轮缸多用于单向助势平衡式制动器,目前趋于被淘汰。阶梯式制动轮缸用于简单非平衡式制动器。它的大端推动后制动蹄,小端推动前制动蹄,目的是使前、后蹄摩擦片均匀地磨损。

制动轮缸的工作情况如图4-25所示。制动轮缸受到液压作用后,顶出活塞,使制动蹄扩张。制动踏板松开后,液压力消失,制动蹄复位弹簧的力使活塞复位。

3. 制动液

制动液是保证液压系统工作可靠的重要组成部分。液压制动传动装置对制动液有如下要求:

(1) 高温下不易气化,否则将在管路中产生气阻现象,使制动系统失效。

(2) 低温下有良好的流动性。

(3) 不会使与之经常接触的金属件腐蚀或橡胶件发生膨胀、变硬和损坏。

(4) 能对液压系统的运动件起良好的润滑作用。

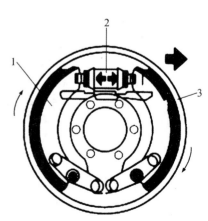

1—制动蹄;2—制动轮缸;3—制动鼓

图 4-25 制动轮缸工作情况

(5) 吸水性差而溶水性良好,即能使渗入其中的水汽形成微粒而与之均匀混合,否则将在制动液中形成水泡,从而大大降低汽化温度。

一般汽车在行驶里程超过 30 000 km 或时间超过两年后,就需要更换制动液。

使用汽车制动液时应注意下列事项:不同规格的制动液不能混用;要防止水分或矿物油混入;制动缸橡胶皮碗不可长时间暴露放置在空气中;汽车制动液多以有机溶剂制成,易挥发、易燃,因此,使用中注意防火;避免制动液进入眼睛;避免制动液溢洒到漆膜表面,若出现该情况,立即用冷水冲洗。

三、液压制动增压装置

液压制动传动装置中增加了真空增压装置(包括辅助缸、控制阀、进气滤清器、真空增压器等),并增加了真空单向阀、真空罐和真空管道等装置。这里以真空增压伺服双回路制动系统为例,如图 4-26 所示。

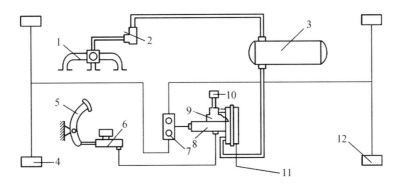

1—发动机进气管;2—真空单向阀;3—真空罐;4—前制动轮缸;5—制动踏板;6—制动主缸;7—安全缸;8—辅助缸
9—控制阀;10—进气滤清器;11—真空增压器;12—后制动轮缸

图 4-26 真空增压伺服双回路制动系统

当发动机工作时,在进气歧管(或真空泵)中的真空作用下,真空罐中的空气经真空单向阀被吸入发动机,因而真空罐中产生并积累一定的真空度。

当制动踏板被踩下时,制动主缸输出的制动油液首先传入辅助缸,并一面传入各制动轮缸,一面又作用于控制阀。控制阀使真空增压器起作用。此时真空增压器输出的力与由主缸传来的液压力一同作用于辅助缸活塞上。因此,辅助缸的压力远远大于主缸压力。

由于真空增压器之后又加装了一个双腔安全缸,在安全缸之后的前、后轮任意一条制动促动管路损坏漏油时,该管路上的安全缸即自动将该管路封堵,确保另一条促动管路仍能保持其中油液压力,产生制动效能。

四、液压制动传动装置的检修

1. 液压制动系统的维护

液压制动系统的维护包括管路检查、放气及制动踏板自由行程的调整。

(1) 管路检查。

整个系统的管路、接头应无凹瘪、严重腐蚀、裂纹现象,连接应可靠无渗漏。金属管路用的管夹固定牢靠,不得与车架及其他部件相碰撞,在行车过程中不得产生较大振幅的振动。制动软管应无折叠,无脱皮、老化、膨胀等缺陷。否则应采取相应措施进行维修。

（2）放气。

制动系统中渗入空气会影响制动效果。在维修过程中,拆检液压系统、接头松动或制动液不足等造成空气进入管路时,检修人员应及时将系统中的空气排出。放气时,将一根胶管的一端套在放气螺钉上,将另一端插入一个玻璃瓶内。连续踩下制动踏板,在踏板升高后踩下并保持不动。拧松放气螺钉,使制动液连同空气一起从胶管流入玻璃瓶内,待制动液排出后,拧紧放气螺钉。再重复放气几次,直至将空气完全放出。放气应由远到近逐缸进行。放气时应随时检查制动主缸中的制动液面是否过低。若液面过低,空气会从制动主缸进入系统。

（3）制动踏板自由行程的调整。

将发动机熄火,踩制动踏板多次,直至感到有阻力为止。此时测量到的该行程即为踏板自由行程,如图4-27所示。如果发现踏板自由行程不符合要求,应改变主缸推杆的长度来进行调整:拧松推杆的锁紧螺母,转动推杆至踏板自由行程符合规定,最后将锁紧螺母拧紧。

2. 液压制动传动装置主要部件的检修

（1）制动主缸（总泵）的检修。

① 直观检查缸筒内壁工作面磨损状况（工作面上不允许有麻点和划痕）。用百分表检测圆柱度误差,若发现误差大于0.025 mm,或缸筒内壁磨损大于0.12 mm,或泵筒与活塞配合间隙大于0.15 mm,应换用新件。

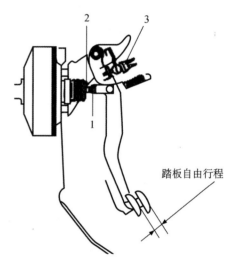

1—锁紧螺母；2—推杆；3—制动灯开关

图4-27 制动踏板自由行程的检查

② 检测活塞与缸筒配合间隙,若发现间隙过大,且是由活塞磨损过多造成的,则只需更换活塞即可。

③ 直观检查缸筒内壁,若发现内壁有锈蚀、麻点,如果不在皮碗行程内,就可继续使用。

④ 直观或敲击检查缸体,若发现缸体有裂纹、缺口、破损等损伤,对损伤轻微者应予以焊修,对损伤严重者应及时更换。

⑤ 直观检查活塞上的星形阀是否松脱、破裂,若发现松脱、破裂,应予以重铆或换用新件。

⑥ 直观检查出、回油阀门是否失效,皮碗、密封圈是否发胀、变形、破损等,若是,应一律换用新件。

⑦ 用弹力测试仪检查主缸、轮缸回位弹簧弹力是否符合技术标准,若发现不符合技术标准,应换用新件。

⑧ 发现制动主缸及真空助力器损坏时,应换用新的总成,不可进行解体维修。

（2）制动轮缸的检修。

① 制动轮缸主要零件的检修与主缸的检修基本相同,要注意的是在更换轮缸时,其规格须与原车轮缸相同。

② 同一桥上的两只轮缸的内径必须相同,以保证得到相等的制动力,防止制动跑偏。

③ 检查放气螺钉的锥面是否不平滑、不规整,是否有凹槽和破损,若是,应予以修复。

(3) 真空增压装置的检修。

① 加力气室总成的检修。

发现加力气室膜片或活塞皮圈产生磨损、老化、裂纹等缺陷时应更换新件。发现端盖油封及皮碗损坏或膨胀时,应更换新件。发现推杆表面有严重腐蚀、生锈现象时,必须更换新件。推杆的弯曲变形(即直线度)不得超过 0.2 mm。推杆在辅助缸内滑动应自如、松紧适度。对于活塞为皮圈式结构的加力气室,发现其内壁表面锈蚀严重且无法修复时,必须更换新件;对于内壁表面腐蚀较轻的加力气室,做抛光处理后可继续使用。

② 控制阀的检修。

发现控制阀活塞锈蚀损伤时,应及时更换新件。发现控制阀膜片破裂后应重铆;发现破裂严重时必须更换新件。发现控制阀弹簧弹力减弱或损坏时,必须及时更新真空阀。发现空气阀产生损伤时,必须更换。发现阀座损伤时,应进行研磨修理。

③ 真空单向阀的检修。

检查阀杆、阀座有无黏着物,各连接件部位是否密封,橡胶软管是否破裂、漏气,如发现有故障,应及时进行修理或更换。

一、任务准备

1. 工作准备

洁具:准备□　清洁□

毛巾:准备□　清洁□

逃生门:位置明确□　通道畅通□

灭火器:红色□　黄色□　绿色□　处理意见:

5S:整理□　整顿□　清洁□　清扫□　素养□

2. 工具准备

扭力扳手□　铁锤□　尖嘴钳□　平口起子□　摇杆□　快速扳手□　套筒□　短接杆□　大号套筒□　重型快速扳手□　重型轮芯锁紧螺母套筒□　毛巾□　细纱布□

工具及辅料已备齐□　差欠:

3. 实训安排

(1) 分组:班级按 3 人 1 小组,划分成多个小组。

(2) 每组分工:3 人小组中 1 人发指令,1 人操作,1 人记录,相互配合完成实训。

(3) 每组时间:每组在 18 分钟内完成训练。

(4) 实训方式:按每轮 2 组,共 2 轮进行轮流训练。

(5) 实训设备:实训中心整车一台或车轮制动器总成及齐全的散件实训台。

4. 安全事项

(1) 实训台架的车轮制动器总成及部件支撑稳固。□

(2) 车轮制动器解体的零部件摆放规范。□

（3）手持拆装部件周身无锐口、无毛刺。□

二、实施步骤

1. 查找制动系统传动装置主要部件

制动踏板□　制动推杆□　真空助力泵□　制动液储油罐□　制动总泵□

制动油管□　驻车制动手柄□　驻车制动拉锁调整装置□

2. 对制动主缸、轮缸外观进行检查

储油罐接口处漏油□　管路接头漏油□　无漏油□

罐体有裂纹□　罐体无裂纹□　螺栓连接紧固□　螺栓松动□

推动有阻力□　推动无阻力□　推动能回位□　推动卡死□

三、清洁及整理

整理：所用工量具□

清洁场地：座椅□　地板□　工作台□　零件盘□　工位场地□

学后测评

一、填空题

1. 液压传动装置放气原则是_____；顺序是_____。
2. 液压制动系统的维护包括_____、_____和_____。
3. 液压制动传动装置利用_____作为传力介质，将_____转让为_____，并通过管路传至车轮制动器，再将_____转化为制动蹄张开的_____。
4. 双管路液压制动传动装置采用了两个彼此_____的液压系统，当一个液压系统发生_____，另一个液压系统仍然_____，从而增强汽车制动的可靠性和安全性。

二、简答题

1. 液压制动系统放气的规则及方法是什么？

2. 使用汽车制动液时应注意哪些事项？

3. 液压制动传动装置类型有哪些？有何区别？

任务四 汽车制动防抱死系统的检修

- 掌握制动防抱死系统(ABS)的功用、类型。
- 掌握 ABS 的结构和工作原理。
- 掌握 ABS 的检修方法。

任务导入

学习汽车制动系统的组成和作用,对 ABS 进行具体结构认知,掌握 ABS 的工作原理和检修方法。

必备知识

一、ABS 的功用

ABS 是汽车上的一种主动安全装置。其作用是在汽车制动时,自动调节制动力的大小,避免车轮完全抱死在路面上产生滑移,使车轮处于边滚动边滑动的状态,以保证车轮与路面间有最好的附着状态,从而缩短制动距离,增强汽车制动过程中的方向稳定性及转向操纵能力,使汽车制动更为安全有效。

二、ABC 的分类

1. 按结构分类

ABS 按结构可分为机械液压 ABS 和电控 ABS。

2. 按控制参数分类

ABS 按控制参数可分为用车轮滑移率实现控制的 ABS,用车轮角速度实现控制的 ABS,以及用车轮角加速度、减速度及滑移率实现控制的 ABS。

3. 按液压调节系统分类

ABS 按液压调节系统可分为整体式和分离式两种:整体式是将制动主缸与液压调节系统制作为一体;分离式是将液压调节系统独立安装在制动主缸与轮缸之间。

4. 按轮速传感器和控制通道分类

由于制动管路的布置形式不同和制动力的分配各异,常见的 ABS 有两种:H 型和 Y 型。

H 型:具有 4 个轮速传感器、4 个电磁阀和 4 个控制通道,各车轮单独调节,适合于采用各种制动管路形式和前、后轮驱动的汽车,有较好的制动稳定性和操纵性。

Y 型:具有 3 个轮速传感器、3 个电磁阀和 3 个控制通道,前两轮单独调节,后两轮共用一个管路调节。或具有 4 个轮速传感器、3 个电磁阀和 3 个控制通道。

三、ABS 的基本结构与工作原理

1. ABS 的基本结构

ABS 主要由轮速传感器、电控单元、液压调节器、继电器、制动主缸和制动轮缸等组成,如图 4-28 所示。

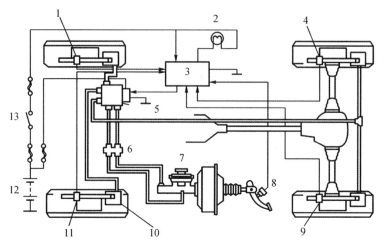

1—右前轮速度传感器;2—故障指示灯;3—电控单元;4—右后轮速度传感器;5—液压调节器;6—比例阀;7—制动主缸;8—制动灯开关;9—左后轮速度传感器;10—制动轮缸;11—左前轮速度传感器;12—蓄电池;13—点火开关

图 4-28　ABS 基本结构

一般来说,ABS 由普通制动系统和防止车轮抱死的电子控制系统两个部分组成。前者是由制动主缸、制动轮缸、制动管路等构成的普通制动系统,用来实现汽车的常规制动。后者是由传感器、电控单元、制动压力调节器等组成的压力调节系统,在制动过程中用来确保车轮始终不抱死,车轮滑移率处于合理的范围内。

(1) 轮速传感器的结构与工作原理。

① 功用。

轮速传感器用于检测车轮速度,并将车轮速度转换成电信号,送到电控单元中。

② 结构。

图 4-29(a)所示为盘式制动器上使用的轮速传感器,图 4-29(b)所示为鼓式制动器上使用的轮速传感器。

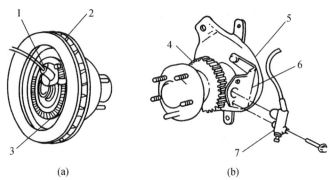

1、7—轮速传感器;2—轮毂;3、4—齿圈;5—轴座;6—托架

图 4-29　轮速传感器

传感器是静止的部件,安装在车轮的托架上;齿圈是旋转件,安装在轮毂上,随车轮同步一起旋转。轮速传感器与齿圈的安装方式如图 4-30 所示,它们之间应保持 1 mm 左右的气隙。

(a) 錾型磁极径向安装　　(b) 斜方形磁极轴向安装　　(c) 圆形磁极径向安装

图 4-30　轮速传感器与齿圈的安装方式

轮速传感器主要由外壳、永久磁铁、电磁线圈、磁极等部件组成,如图 4-31 所示。

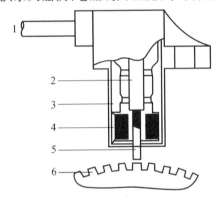

1—导线;2—永久磁铁;3—外壳;4—电磁线圈;5—磁极;6—齿圈

图 4-31　轮速传感器结构

③ 工作原理。

齿圈随车轮同步旋转。当轮齿经过传感器时(靠近和离开),永久磁铁产生的磁场造成线圈中磁通量发生变化。此时线圈中感应出一个交流脉冲信号。脉冲信号的电压频率与车速成正比。传感器通过两根屏蔽线将交流脉冲信号传送到电控单元。电控单元通过识别交流脉冲信号的频率和电压来确定车轮转速和汽车的车速,如图 4-32 所示。

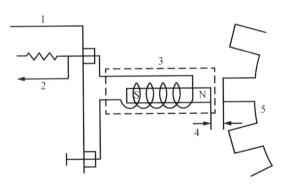

1—电控单元;2—车速信号;3—传感器;4—间隙;5—齿圈

图 4-32　轮速传感器的工作原理

(2) 电控单元(ECU)。

ECU 是 ABS 的控制中心,实际上是一个微型计算机。其功用是接收轮速传感器的车速信号,并对车速信号进行分析、放大和识别处理,计算出转速、车速及滑移率,分析车轮制动情况,以此向液压调节器发出指令。ECU 还能监视整个 ABS 的工作情况。若有故障,ECU 会中止工作,关闭 ABS,同时让普通制动系统开始工作,并亮起指示灯,发出警告。ECU 还能把故障存储起来,为故障诊断、排除提供故障代码。

(3) 继电器。

① 主电源继电器。

主电源继电器一端接点火开关,另一端通过 ECU 搭铁。当发动机启动后,发电机亦开始运转,此时 ECU 使主电源继电器触点闭合向系统供电。ECU 同时进入系统自检,使系统进入工作状态。如果主电源继电器损坏而不能工作,ECU 就能检测到故障,让 ABS 停止工作,恢复常规制动。在有些车型中,主电源继电器同时向油泵继电器和电磁阀继电器供电。

② 油泵继电器。

油泵继电器主要控制电动机油泵电机电流的通断。在电动油泵工作不受 ECU 控制的 ABS 中,电动油泵继电器电磁线圈受压力开关的控制。系统压力小时,压力开关接通电动油泵继电器线圈电路,继电器触点闭合,电动油泵电动机通电而工作;系统压力大时,压力开关切断电动油泵继电器线圈电路,继电器触点断开,电动油泵电动机断电而停转。有些车型的电动油泵继电器受 ECU 的控制。ECU 根据 ABS 工作情况,接通或断开继电器电流,从而控制电动油泵的工作状况。

③ 电磁阀继电器。

电磁阀继电器输入端接主电源继电器,输出端接电磁阀(3 个或 4 个),控制端即电磁线圈接电控单元。电磁阀继电器受 ECU 的控制。

(4) 液压调节器。

液压调节器的功用是按照 ECU 发出的控制指令,打开或关闭 ABS 的制动液通道,完成对各轮缸中制动液压力的调节。

这里以通用公司达科 ABS Ⅵ 型整体式制动液压调节器为例。该液压调节器的液压系统有 3 个相互独立的制动压力调节器,前左、右轮各用 1 个,后左、右轮共用 1 个,如图 4-33 所示。

① 前轮制动压力调节器的结构与工作原理。

前轮制动压力调节器由电磁开关阀、单向球阀、活塞、螺杆、电动机、齿轮减速器和电磁制动器组成。

a. 压力增大。

当不供电时,电磁开关阀断开,电磁制动器制动,使活塞保持在最上端顶开单向阀的位置。这时,制动主缸的油压能直接传到制动轮缸,即 ABS 尚未开始工作,同时轮缸的油压随主缸油压升高而升高。

b. 压力保持。

当 ECU 发出指令时,电动机停止旋转,活塞停止运动,电磁开关阀关闭,切断主缸的来油,电磁制动器制动,将电机锁止。这时活塞位置不变,从而保持轮缸的压力不再增减。当

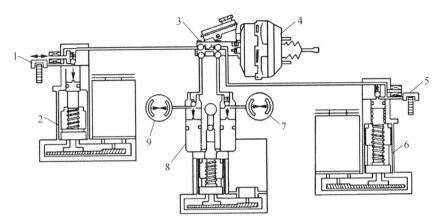

1—左前轮制动器；2—左前轮制动压力调节器；3—制动主缸；4—制动加力器；5—右前轮制动器；
6—右前轮制动压力调节器；7—右后轮制动器；8—后轮制动压力调节器；9—左后轮制动器

图 4-33　达科 ABS Ⅵ 型整体式制动液压调节器

需要增加制动力时，在 ECU 的控制下，电动机开始运转，通过齿轮减速装置带动螺杆转动，使活塞向上移动以增加轮缸的油压，直至车轮处于将抱死而非抱死的状态为止。

c. 压力减小。

当车轮即将抱死时，在 ECU 的控制下，电磁制动器松开，电动机运转，活塞下移，单向球阀关闭，单向球阀与活塞间的容积增加，从而使制动轮缸油压降低，达到防止车轮抱死的目的。

② 后轮制动压力调节器的结构与工作原理。

后轮制动压力调节器主要由活塞、单向球阀、螺杆、电动机、齿轮减速器和涨簧式制动器组成。其工作原理与前轮制动压力调节器相同，但后轮制动压力调节器未采用电磁开关阀，主缸的制动液只能通过单向阀进入轮缸，并配用涨簧式制动器代替电磁制动器，以保持活塞的位置。

2. ABS 的工作原理

从制动理论分析得知，当汽车制动时，车轮完全抱死，滑移率为 100%，汽车的侧向制动力将大幅度减小，造成汽车侧滑和转向失控；当滑移率为 10%～20% 时，车轮可最大限度地利用纵向附着力和一定的侧向附着力，制动效果最佳。ABS 可以使汽车制动时车轮保持 10%～20% 的滑移率而不抱死。

汽车在制动过程中，轮速传感器不断地把车轮转速信号及时输送给 ABS 的 ECU，并由 ECU 对 4 个轮速传感器输入的信号进行处理，计算出汽车的参考车速、各车轮速度和减速度，确定各车轮滑移率，并适时地发出指令给液压调节器。液压调节器是 ABS 中的压力控制装置，它可以控制制动轮缸的制动液压，使其变大或变小，以防 4 个车轮一直完全抱死。制动系统在制动过程中无车轮抱死的迹象时，ABS 是不工作的。制动主缸中的制动液通过液压调节器调压后进入制动轮缸。ECU 从转速信号的变化中判断出车轮的运动状态，并向液压调节器发出指令。此时，液压调节器控制制动轮缸的制动液压力随着车轮的运动状态的变化而迅速变化，并始终将车轮的滑移率控制在 20% 左右，以达到最佳制动效果。

若 ABS 出现故障,制动防抱死警告灯会点亮,发出警告,ABS 会自动停止工作,但普通制动系统仍能照常工作,以确保汽车安全行驶。

四、ABS 的检修

1. 检修中应注意的几点

(1) 当点火开关处在闭合状态时,不能拆装有关的电气元件和线束插头,以防损坏电气元件。

(2) 由于 ABS 的 ECU 对其电压和静电非常敏感,所以蓄电池电压必须符合该装置的技术标准,否则该装置不能工作。

(3) 维修带有储压器的 ABS 的液压系统时,应先泄压,防止检修时高压制动液喷出伤人,同时,不要接通点火开关,防止电动油泵工作,使系统压力增大。

(4) 在维修轮速传感器时,不能硬撬或敲击,平时应保持其清洁,以保证信号的准确性和可靠性。

(5) 应按规定加注和更换制动液,并正确地排除装置中的空气,否则会导致防抱死功能失效,严重影响普通制动装置的制动效果。

(6) 换用轮胎时,应选用汽车生产厂家规定的轮胎,以保证轮胎的外径、附着性和转动惯量与原车的接近,否则会影响防抱死制动效果。

(7) 当在制动防抱死故障灯点亮,防抱死装置停止工作,而普通制动装置工作时,驾驶员应控制制动强度,防止发生车轮制动抱死的状况。

(8) 在维修过程中,ABS 与普通制动装置应作为一个整体进行维修,否则将埋下隐患。

(9) 在维修中,若发现轮速传感器、ECU 和液压调节装置有损坏,应整体更换新件。

2. 轮速传感器的检修

(1) 传感线圈阻值的检测。

① 将多用表电阻挡置于电阻"×100"挡位。

② 拆下轮速传感器的连接插头,检查每个端子与车身的导通情况。若发现某个端子与车身导通(说明传感器出现搭铁故障),应予以更换。

③ 测量传感器线圈的阻值,当发现阻值不符合技术标准时应更换传感头。

(2) 转子齿圈的检查。

① 检查转子齿圈的轮齿有无缺齿和断齿。

② 检查转子齿圈有无裂纹。

③ 检查转子齿圈齿与齿之间是否吸附有铁屑。

若发现有相应情况,应做适当处理。

(3) 传感器输出信号的检查。

① 用示波器检查轮速传感器。

a. 将示波器与轮速传感器相接。

b. 让汽车以 20 km/h 的速度行驶,然后检查轮速传感器输出波形。

c. 检查图 4-34 中的 C 是否大于或等于 0.5 V,若不大于或等于 0.5 V,则传感器应更换。

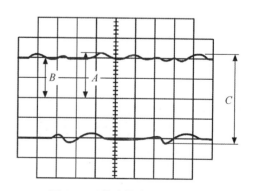

图 4-34 轮速传感器输出波形

d. 检查图 4-34 中的 B 和 A，B 应是 A 的 70% 或更多；否则，传感器转子应更换。

② 轮速传感器的就车检查。

a. 拆下传感头，并从配线插件上拔下插头。

b. 用 1 个 2~10 kΩ 的电阻器按图 4-35 所示方法接成一个回路，注意不要短接任何一个端子。

c. 检查螺丝刀在轮速传感头前后摆动时电压表是否交替显示 2~12 V。如果不是，则传感头应更换。在检查中，为防止螺丝刀擦伤传感头极轴，螺丝刀应用棉布包住。

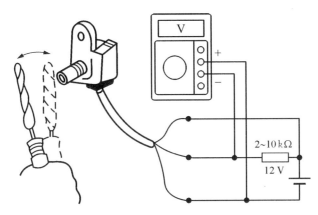

图 4-35 传感头的检查

3. 制动压力调节器的检修

(1) 油泵电动机继电器的检测。

许多 ABS 使用油泵和电动机总成，将制动液从储压器里泵出，在增压后泵入主缸。当 ABS 工作时，电动机继电器接通，ABS 油泵电动机开始运转。电动机继电器为常开继电器，有 4 个接柱，两个是电磁线圈接柱，另两个是触点接柱。用多用表电阻挡测量接柱间的导通情况。导通的两个接柱为电磁线圈接柱，不导通的两个接柱为触点接柱。若在电磁线圈接柱上加 12 V 电压，则两接柱应导通，否则电动机继电器应更换。

(2) 主继电器的检修。

点火开关打开时，主继电器应有动作声响，主继电器的两个触点接柱应导通；点火开关断开时，两个触点接柱应不通。若不是上述情况，主继电器应更换。

(3) ECU 的更换。

ECU 损坏后不可修复，只能更换。其更换步骤如下：

① 关闭点火开关。

② 拆下 ECU 上的全部线束插头。

③ 拆下 ECU 的固定螺钉，取下损坏的 ECU。

④ 将新的 ECU 装上并固定好。

⑤ 接上 ECU 所有线束插头，并检查接触是否良好，插接是否牢固。

⑥ 打开点火开关，启动发动机。这时，红色制动灯和故障指示灯显示装置进入正常工作状态。

任务实施

一、任务准备

1. 工作准备

洁具:准备□ 清洁□

毛巾:准备□ 清洁□

逃生门:位置明确□ 通道畅通□

灭火器:红色□ 黄色□ 绿色□ 处理意见:

5S:整理□ 整顿□ 清洁□ 清扫□ 素养□

2. 工具准备

扭力扳手□ 铁锤□ 尖嘴钳□ 平口起子□ 摇杆□ 快速扳手□ 套筒□ 短接杆□ 大号套筒□ 重型快速扳手□ 重型轮芯锁紧螺母套筒□ 毛巾□ 细纱布□

工具及辅料已备齐□ 差欠:

3. 实训安排

(1) 分组:班级按3人1小组,划分成多个小组。

(2) 每组分工:3人小组中1人发指令,1人操作,1人记录,相互配合完成实训。

(3) 每组时间:每组在18分钟内完成训练。

(4) 实训方式:按每轮2组,共2轮进行轮流训练。

(5) 实训设备:实训中心整车一台或车轮制动器总成及齐全的散件实训台。

4. 安全事项

(1) 实训台架的车轮制动器总成及部件支撑稳固。□

(2) 车轮制动器解体的零部件摆放规范。□

(3) 手持拆装部件周身无锐口、无毛刺。□

二、实施步骤

对ABS系统进行检测。

三、清洁及整理

整理:所用工量具□

清洁场地:座椅□ 地板□ 工作台□ 零件盘□ 工位场地□

学后测评

一、填空题

1. 制动防抱死系统(ABS)是汽车上的一种_____装置。

2. 制动防抱死系统(ABS)的作用是在汽车制动时,自动调节_____,避免车轮完全抱死在路面上产生_____,使车轮处于_____的状态。

3. 汽车制动防抱死系统由_____和_____两个部分组成,前者由_____、

_____、制动管路等构成;后者由_____、_____、_____等组成。

4. 若 ABS 出现故障,制动防抱死警告灯_____,发出警告,ABS 会自动停止工作,但_____仍能照常工作,以确保汽车安全行驶。

二、简答题

1. 简述 ABS 的功用和工作原理。

2. 简述 ABS 的组成以及每个组成部分的作用。

3. 简述液压调节器的工作原理。

项目五 汽车转向系统的认知与维修

项目描述

转向系统是汽车底盘的重要组成部分。其性能直接影响到汽车的操纵稳定性。良好的转向系统性能对确保车辆的安全行驶、减少交通事故以及保护驾驶员的人身安全、改善驾驶员的驾驶条件起着重要的作用。通过熟悉汽车底盘转向系统的组成,掌握转向系统的工作原理,是学习汽车底盘并对转向系统进行维修、检查的基础。

学习目标

1. 知识目标
(1) 简述转向系统的功用、类型、组成及工作过程。
(2) 简述转向系统的角传动比、转向时车轮的运动规律。
(3) 正确描述转向器的功用、类型、构造和工作原理,掌握转向操纵机构的工作原理及构造。
(4) 重点掌握汽车机械转向系统和动力转向系统的工作原理。

2. 技能目标
(1) 能对汽车转向系统进行基本的检查、维护和检修。
(2) 具备分析和检修汽车转向系统故障的能力。

任务一 转向系统结构和工作原理的认知

任务目标

- 简述转向系统的功用、类型。
- 简述转向系统的基本组成。
- 掌握转向系统的工作原理。

任务导入

转向系统是汽车正常行驶的安全系统。转向系统不仅可以改变汽车的行驶方向,使其按照驾驶员的意愿安全行驶,而且可以克服路面侧向干扰力,使车轮自行产生转向,恢复汽车原来的行驶方向。

一、概述

1. 转向系统的功用

转向系统是指由驾驶员操纵,能实现转向轮偏转和回位的一套机构。驾驶员需要改变汽车行驶方向时,必须使转向轮绕主销轴线偏转一定角度。直到新的行驶方向符合要求时,再将转向轮恢复到直线行驶的位置。转向系统的结构如图5-1所示。

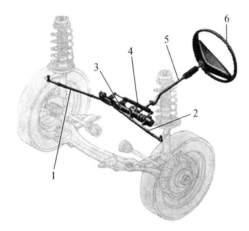

1—右横拉杆;2—左横拉杆;3—转向器;4—转向减震器;5—转向轴;6—转向盘

图 5-1 转向系统结构图

转向系统的功能是按照驾驶员的意愿改变汽车的行驶方向和保持汽车稳定的直线行驶。

2. 转向系统的类型

转向系统按转向动力源可分为机械转向系统和动力转向系统两大类。完全靠驾驶员双手的力量来操纵的转向系统称为机械转向系统。驾驶员双手控制方向盘,并借助其他动力源来操纵的转向系统称为动力转向系统。动力转向系统又可分为液压助力转向系统和电动助力转向系统。

(1)机械转向系统。

机械转向系统以驾驶员的体力作为转向能源,其中所有传递力的构件都是机械的。它主要由转向操纵机构、转向器和转向传动机构三大部分组成。

图5-2所示为机械转向系统的结构。当汽车转向时,驾驶员对转向盘施加一个转向力矩。该力矩通过转向轴、转向万向节和转向传动轴输入转向器。经转向器放大后的力矩和减速后的运动传到转向摇臂,再经过转向直拉杆传给固定于左转向节上的转向节臂,使左转向节和它所支承的左转向轮偏转。为使右转向节及其支承的右转向轮随左转向节和左转向轮偏转相应角度,机械转向系统还设置了转向梯形。转向梯形由固定在左、右转向节上的梯形臂和两端与梯形臂做球铰链连接的转向横拉杆组成。

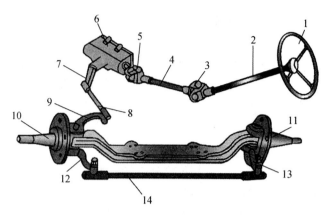

1—转向盘；2—转向轴；3、5—转向万向节；4—转向传动轴；6—转向器；7—转向摇臂；8—转向直拉杆；9—转向节臂；10—左转向节；11—右转向节；12、13—梯形臂；14—转向横拉杆

图 5-2　机械转向系统的结构

从转向盘到转向传动轴的一系列部件均属于转向操纵机构。从转向摇臂到转向梯形的一系列部件(不含转向节)均属于转向传动机构。

(2)动力转向系统。

动力转向系统是兼用驾驶员体力和发动机动力为转向能源的转向系统。在正常情况下，汽车转向所需能量，只有一小部分由驾驶员提供，大部分由发动机通过动力转向装置提供。但在动力转向装置失效时，驾驶员一般还能独立承担汽车转向任务。因此，动力转向系统是在机械转向系统的基础上加设一套动力转向装置而形成的，其中，转向油罐、转向油泵、转向控制阀和转向动力缸为转向加力器的各部件。图 5-3 所示为一种液压式动力转向系统示意图。

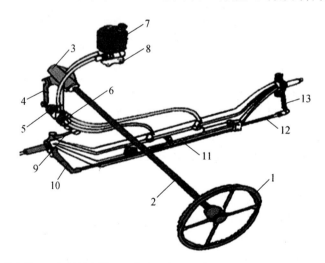

1—转向盘；2—转向轴；3—机械转向器；4—转向摇臂；5—转向直拉杆；6—转向控制阀；7—转向油泵；8—转向油罐；9—转向节；10、13—梯形臂；11—转向动力缸；12—转向横拉杆

图 5-3　液压式动力转向系统示意图

采用动力转向系统的汽车，在正常情况下一方面提供转向所需的一小部分能量，另一方面则同时带动转向加力器工作，由发动机通过转向加力器提供转向所需的大部分能量。在转向加力器失效时，驾驶员一般还能独立承担汽车转向任务。

3. 角传动比、转向时车轮运动规律

(1) 转向系统角传动比。

转向盘的转角与安装在转向盘同侧的转向车轮偏角的比值,称为转向系统角传动比,用 i_w 表示。转向系统角传动比越大,转向越轻便,但角传动比过大将导致转向操纵不够灵敏。

(2) 转向时车轮的运动规律。

当汽车转向时,内侧车轮和外侧车轮滚过的距离是不相等的。对于一般汽车而言,后桥左右两侧的驱动轮由于差速器的作用,能够以不同的转速滚过不同的距离。但前桥左右两侧的转向轮要滚过不同的距离,必然引起车轮沿路面边滚边滑动,致使转向时的行驶阻力增大,轮胎磨损增加。为了避免这种现象,转向系统必须保证在汽车转向时,所有车轮均做纯滚动。显然,这只有在转向时所有车轮的轴线都交于一点方能实现。此交点 O 称为汽车转向中心,如图 5-4 所示。由图 5-4 可见,汽车转向时的内侧转向轮偏转角 β 大于外侧转向轮偏转角 α。α 与 β 的关系如下:

$$\cot\alpha = \cot\beta + B/L \tag{5-1}$$

式中,B 为两侧主销中心距(略小于转向轮轮距),L 为汽车轴距。

这一关系是由转向梯形保证的,故式(5-1)也称为转向梯形理论特性关系式。迄今为止,所有汽车转向梯形的设计实际上都只能保证在一定的车辆偏转角范围内,两侧车轮偏转角的关系大体上满足以上关系式。

从转向中心 O 到外侧转向轮与地面接触点的距离 R 称为汽车转弯半径。转弯半径 R 越小,汽车转向所需场地就越小,汽车的机动性也就越好。从图 5-4 可以看出,当外侧转向轮偏转角达到最大值 $\alpha_{\max}$ 时,转弯半径 R 最小。

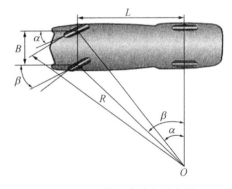

图 5-4 双轴汽车转向示意图

汽车内侧转向轮的最大偏转角一般在 $35°\sim42°$ 之间。载货车的最小转弯半径一般为 $7\sim13$ m。

二、汽车转向系统的结构和组成

1. 转向器

转向器是转向系统中的降速增矩传动装置。其功用是增大由转向盘传到转向节的力,并改变力的传动方向。

(1) 按传动功率分类。

转向器按照传动效率可以分为可逆式转向器、极限可逆式转向器和不可逆式转向器。

转向器输出功率与输入功率之比为转向器的传动效率。当功率由转向盘输入,从转向摇臂输出时,所求得的传动效率称为正传动效率;反之则称为逆传动效率。

① 可逆式转向器。

可逆式转向器正、逆传动效率都高,有利于转向轮和转向盘自动回正,但采用这种转向器的汽车在损坏路面上行驶时,车轮的冲击力传到转向盘,易产生"打手"现象。可逆式转向器常用于在良好路面上行驶的汽车。

② 不可逆式转向器。

因会造成驾驶员没有路感,不可逆式转向器在汽车上已很少采用。

③ 极限可逆式转向器。

极限可逆式转向器的正传动效率远大于逆传动效率,使得驾驶员有一定路感,可实现转向轮自动回正。只有路面冲击力很大时,才能部分地传到转向盘。极限可逆式转向器常用于中型以上越野汽车、工矿用自卸汽车。

(2) 按结构形式分类。

转向器按结构形式可以分为循环球式、齿轮齿条式、蜗杆曲柄指销式等。普通轿车多采用齿轮齿条式转向器。

① 齿轮齿条式转向器。

采用齿轮齿条式转向器可以使转向传动机构简化,不需要转向摇臂和转向直拉杆。这种转向器重量轻,容易制造,而且成本低,刚度大,具有较好的操纵稳定性,且具有齿轮与齿条间实现无间隙啮合的特点,逆传动效率高。齿轮齿条啮合传动结构如图5-5所示。这种转向器被广泛用于前轮采用独立悬架的轻型及微型轿车上。

图 5-5　齿轮齿条啮合传动结构

图5-6所示为两端输出的齿轮齿条式转向器。它主要由转向器壳体、转向齿轮和转向齿条等组成。作为传动副主动件的转向齿轮轴通过向心球轴承、滚针轴承安装在转向器壳体中,其上端通过花键与万向节叉和转向轴连接。与转向齿轮啮合的转向齿条呈水平布置,两端通过球头座与转向横拉杆相连。弹簧通过压块将齿条压靠在齿轮上,保证无间隙啮合。弹簧的预紧力可用调整螺栓调整。当转动转向盘时,转向齿轮轴移动,使与之啮合的齿条沿轴向移动,从而使左右横拉杆带动转向节左右转动,使转向车轮偏转,实现汽车转向。

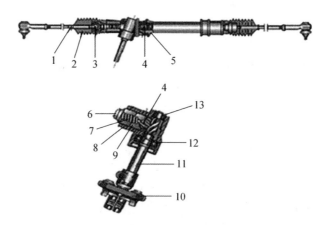

1—转向横拉杆;2—防尘套;3—球头座;4—转向齿条;5—转向器壳体;6—调整螺栓;7—压紧弹簧;
8—锁紧螺母;9—压块;10—万向节;11—转向齿轮轴;12—向心球轴承;13—滚针轴承

图 5-6　两端输出的齿轮齿条式转向器

在单端输出的齿轮齿条式转向器上,齿条的一端通过内外托架与转向横拉杆相连,如图 5-7 所示。作为传动副主动件的转向齿轮通过上、下轴承安装在转向器壳体中。其上端通过花键与万向节叉和转向轴连接。与转向齿轮啮合的转向齿条呈水平布置,右端与横拉杆相连。调整螺钉将压块和压块衬片压靠在齿条背面,保证转向齿轮和齿条无间隙啮合。当转动转向盘时,转向器齿轮转动,与之啮合的齿条沿轴向移动,使横拉杆带动转向节转动,转向车轮偏转,从而实现汽车转向。

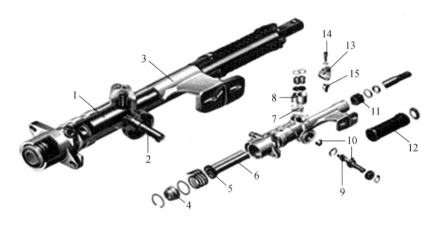

1、6—转向齿条;2、9—转向齿轮;3—转向器壳;4—挡盖;5—挡块;7—压块衬片;8—压块;
10—轴承;11—衬套;12—防尘护罩;13—盖板;14—调整螺钉;15—调整螺钉座

图 5-7 单端输出的齿轮齿条式转向器结构图

有的轿车转向齿条的动力不是由齿条两端输出,而是靠在中间连接点安装的横拉杆输出的。中间输出的齿轮齿条式转向器如图 5-8 所示。其结构及工作原理与两端输出的齿轮齿条式转向器基本相同,不同之处在于它在转向齿条的中部用螺栓与左、右转向横拉杆相连。

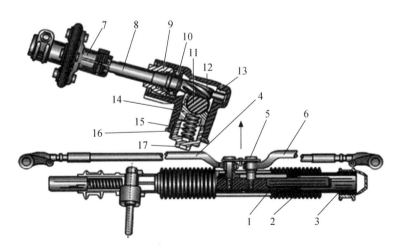

1、11—转向齿条;2—防尘罩;3—转向器壳体;4、6—转向横拉杆;5—固定螺栓;
7—万向节叉;8—转向齿轮轴;9—调整螺母;10—向心球轴承;12—转向齿轮;
13—滚针轴承;14—压块;15—压紧弹簧;16—锁紧螺母;17—调整螺塞

图 5-8 中间输出的齿轮齿条式转向器

② 循环球式转向器。

循环球式转向器（图5-9）是目前国内应用得最广泛的结构形式之一，一般有两级传动副。第一级是螺杆螺母传动副，第二级是齿条齿扇传动副。为了减少转向螺杆和转向螺母之间的摩擦，两者的螺纹并不直接接触，其间装有多个钢球，以实现滚动摩擦。转向螺母和螺杆上都加工出断面轮廓为由两段或三段不同心圆弧组成的近似半圆的螺旋槽。两者的螺旋槽能配合形成近似圆形断面的螺旋管状通道。转向螺母侧面有两对通孔。钢球可从此孔进入螺旋通道内。转向螺母有两根钢球导管。每根导管的两端分别插入转向螺母侧面的一对通孔中。导管内装满了钢球。于是，两根导管和转向螺母内的螺旋管状通道组合成两条各自独立的封闭的钢球"流道"。转向螺杆转动时，通过钢球将力传给转向螺母，转向螺母即沿轴向移动。同时，在转向螺杆及转向螺母与钢球间的摩擦力作用下，所有钢球在螺旋管状通道内滚动，形成"球流"，如图5-10所示。在转向器工作时，两列钢球只在各自的封闭流道内循环，不会脱出。此转向器常用于各种轻型和中型货车，也用于部分轻型越野汽车。

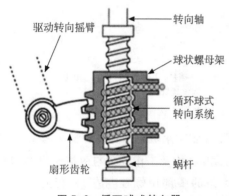

图5-9 循环球式转向器

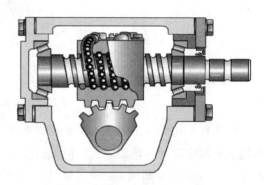

图5-10 循环球式转向器球流

③ 蜗杆曲柄指销式转向器。

蜗杆曲柄指销式转向器如图5-11所示。具有梯形截面螺纹的转向蜗杆支承在转向器壳体两端的球轴承上。蜗杆与锥形指销相啮合。指销用双列圆锥滚子轴承支于摇臂轴内端的曲柄孔中。当转向蜗杆随转向盘转动时，指销沿蜗杆螺旋槽上下移动，并带动曲柄及摇臂轴转动。

汽车转向时，通过转向盘和转向轴使蜗杆转动，嵌于蜗杆螺旋槽的锥形指销一边自转，一边绕转向摇臂轴摆动，并通过转向传动机构使转向轮偏转，从而实现转向。

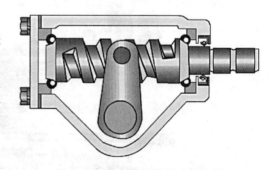

图5-11 蜗杆曲柄指销式转向器

2. 转向操纵机构

转向操纵机构一般由转向盘、转向轴、转向柱管及转向传动轴组成，如图5-12所示。其可产生转动转向器所必需的操纵力，具有一定的调节和安全性能。转向操纵机构将驾驶员操纵转向盘的力传给转向器。为了使驾驶员舒适地驾驶,转向操纵机构可以调节,以满足不同驾驶员的需求;为了防止车辆撞击后对驾驶员造成损伤,转向操纵机构具有一定的安全保护装置。

转向盘由轮圈、轮辐和轮毂组成,如图5-13所示。转向盘轮毂的细牙内花键与转向轴连接。转向盘上装有喇叭按钮,有些轿车的转向盘上还装有车速控制开关和安全气囊。转向轴是连接转向盘和转向器的传动件。转向柱管固定在车身上。转向轴从转向柱管中穿过,支承在柱管内的轴承和衬套上。

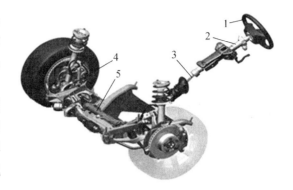

1—转向盘;2—转向柱管;3—转向轴;
4—转向传动机构;5—转向器

图 5-12　转向操纵机构示意图

图 5-13　转向盘

轿车除要求装有吸能式转向盘外,还要求转向轴、转向柱管必须装备能够缓冲冲击的吸能装置,以保护驾驶员的安全。吸能装置有如下几种方式。

(1) 转向轴错位吸能。

转向轴分上、下段,中间用柔性联轴器连接。联轴器的上、下凸缘盘由两个销子与销孔扣合在一起。销子通过衬套与销孔配合。当发生猛烈撞车时,车身、车架将产生严重变形,导致转向轴、转向盘等部件后移。与此同时,在惯性作用下,驾驶员人体向前冲,致使转向轴上、下凸缘盘的销子和销孔脱开,从而缓和了冲击,吸收了冲击能量,有效地减轻了驾驶员的受伤程度,如图 5-14 所示。

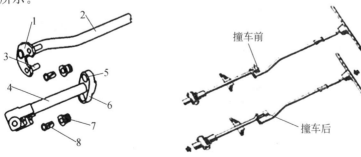

1—上凸缘盘;2—上转向轴;3—销子;4—下转向轴;5—销孔;
6—下凸缘盘;7—橡胶衬套;8—聚四氟乙烯衬套

图 5-14　上、下转向轴错位吸能

(2) 转向柱管和支架或某些支承零件变形吸能。

当发生碰撞时,转向器向后移动,使得下转向轴插入上转向柱管的孔中,使上转向柱管被压扁,从而吸收了冲击能量,如图 5-15 所示。

另外,上转向柱管通过支架和 U 形金属板固定在仪表板上。当驾驶员身体撞击转向盘后,上转向柱管和支架将从仪表板上脱离下来向前移动(或转向传动轴)。这时,一端固定在仪表板上,另一端固定在支架上的 U 形金属板就会产生扭曲变形并吸收冲击能量,如图 5-16 所示。

(3) 网格状或波纹管式转向柱管变形吸能。

如果汽车上装了网格状或波纹管式转向柱管吸能装置,当猛烈碰撞导致人体冲撞转向盘时,网格状或波纹管式转向柱管将压缩产生塑性变形,吸收冲击能量,如图 5-17 所示。

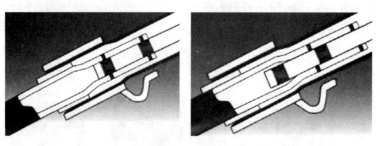

图 5-15 转向柱管变形吸能

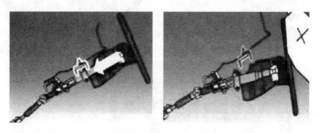

图 5-16 支架或某些支承零件变形吸能

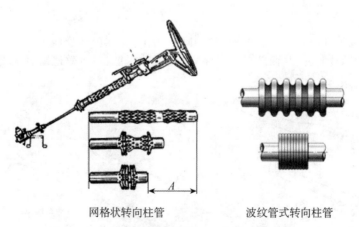

图 5-17 网格状或波纹管式转向柱管变形吸能

3. 转向传动机构

转向传动机构的功用是将转向器输出的转向力传递给转向车轮，使其发生偏转，实现汽车转向，并使两个转向轮偏转角按一定关系变化，以保证汽车转向时车轮与地面的相对滑动尽可能小。

转向传动机构由转向摇臂、转向直拉杆、转向节臂、转向梯形等零部件共同组成，其中转向梯形由梯形臂、转向横拉杆和前轴共同构成，如图 5-2 所示。

（1）转向摇臂。

循环球式转向器和蜗杆曲柄指销式转向器通过转向摇臂与转向直拉杆相连。转向摇臂的大端用带锥度的三角形齿形花键与转向器中摇臂轴的外端连接，小端通过球头销与转向直拉杆做空间铰链连接，如图 5-18 所示。

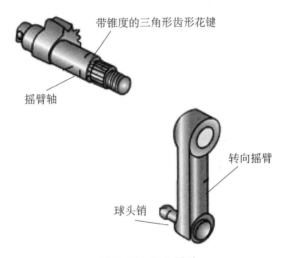

图 5-18 转向摇臂

（2）转向直拉杆。

转向直拉杆是转向摇臂与转向节臂之间的传动杆件，具有传力和缓冲作用。在转向轮偏转且因悬架弹性变形而相对于车架跳动时，转向直拉杆与转向摇臂及转向节臂三者之间的相对运动都是空间运动。为不发生运动干涉，三者之间的连接件都是球形铰链，如图 5-19 所示。

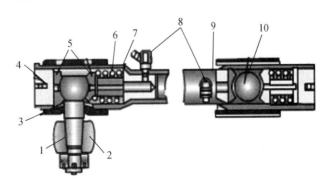

1—球头销；2—转向摇臂；3—油封垫；4—端部螺塞；5—球头座；6—压缩弹簧；
7—弹簧座；8—油嘴；9—直拉杆体；10—转向节臂球头销

图 5-19 转向直拉杆

(3) 转向横拉杆。

图 5-20(a)所示为解放 CA1092 型汽车转向横拉杆,横拉杆体用钢管制成,其两端切有螺纹,一端为右旋,一端为左旋,与横拉杆接头旋装连接。两端接头结构相同,如图 5-20(b)所示。接头的螺纹孔壁上开有轴向切口,故接头具有弹性,旋装到杆体上后可用螺栓夹紧。旋装夹紧螺栓以后,转动横拉杆体,可改变转向横拉杆的总长度,从而调整转向轮前束。

横拉杆两端的接头上都装有由球头销等零件组成的球形铰链。球头销的球头部分被夹在上、下球头座内。球头座有较好的耐磨性。球头座的形状如图 5-20(c)所示。装配时上、下球头座凹凸部分互相嵌合。弹簧通过弹簧座压向球头座,以保证两个球头座与球头的紧密接触,在球头和球头座磨损时能自动消除间隙,同时还起缓冲作用。弹簧的预紧力由螺塞调整。球铰上部有防尘罩,以防止尘土侵入。球头销的尾部锥形柱与转向梯形臂连接,并用螺母固定、开口销锁紧。

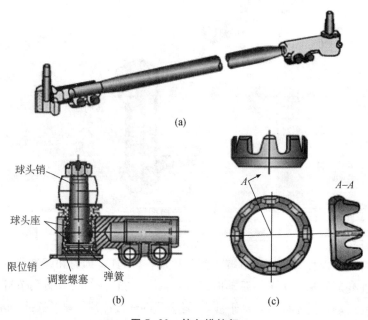

图 5-20 转向横拉杆

(4) 转向减震器。

随着车速的加快,现代汽车的转向轮有时会产生摆震,即转向轮绕主销轴线往复摆动,进而引起整车车身的震动。这不仅影响汽车行驶的稳定性,而且影响汽车的舒适性,加剧前轮轮胎的磨损。在转向传动机构中设置转向减震器是克服转向轮摆震的有效措施。

转向减震器的一端与车身前桥铰接,另一端与转向直拉杆或转向器铰接。转向减震器的结构类似于悬架减震器。

根据表 5-1 中的内容,在实验车上查找转向系统的主要部件。

表 5-1 查找内容

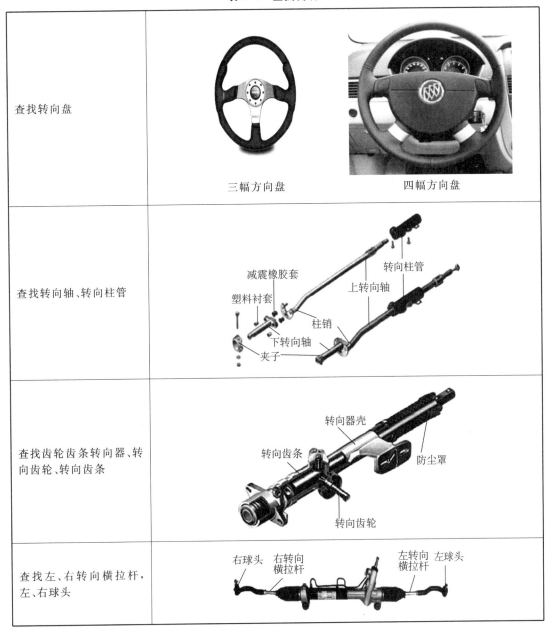

学后测评

一、填空题

1. 汽车转向系统按转向动力源分为_____系统和_____系统两大类。
2. 机械转向系统主要由_____、_____和_____三大部分组成。
3. 转向操纵机构一般由_____、_____、_____和_____组成。
4. 转向传动机构由_____、_____、_____、_____等零部件共同组成。

5. 转向器按传动效率分为_____、_____和_____。
6. 循环球式转向器有_____传动副,第一级是_____,第二级是_____。
7. 转向器的作用是_____由转向盘传到_____的力,并改变力的_____。

二、简答题

1. 简述转向横拉杆的结构。

2. 汽车转向系统的作用是什么？由哪些部分组成？

3. 转向器有何作用？如何使转向轮同步转向？

4. 简述单端输出的齿轮齿条式转向器的结构。

任务二 动力转向系统与四轮转向控制系统的认知

- 能正确描述动力转向系统的功用及类型。
- 能正确描述液压式动力转向系统的工作原理。
- 能正确描述四轮转向系统的结构和工作原理。

任务导入

动力转向系统是汽车安全的关键性部件。大部分汽车都安装了动力转向系统,以减轻驾驶员的劳动强度,既增强了转向灵活性,又能使驾驶员操作时有显著的路感,保证汽车快速行驶时的稳定性和安全性。

必备知识

一、动力转向系统

为了减轻驾驶员的疲劳强度,改善转向系统的技术性能,汽车上采用了动力转向装置。

动力转向系统按控制方式可以分为液压式动力转向系统和电控动力转向(EPS)系统。液压式动力转向系统按液流形式又可分为常流式和常压式两种,其中液压常流式动力转向系统应用得广泛。EPS系统根据动力源不同又可分为液压式EPS系统和电动式EPS系统。此外,四轮转向系统正逐步地得到应用。它可以让汽车的前轮和后轮同时发生偏转:在汽车低速行驶时,使前轮和后轮的偏转方向相反,可增强汽车的转向灵敏性;在汽车高速行驶时,使前轮和后轮的偏转方向相同,可增强汽车的操纵稳定性。

二、液压式动力转向系统

1. 组成与类型

液压式动力转向系统由机械转向器、转向控制阀、转向动力缸、转向油泵和转向油罐等组成,如图5-3所示。

液压式动力转向系统按转向控制阀阀芯的运动方式可分为滑阀式动力转向系统和转阀式动力转向系统两种。下面以桑塔纳轿车整体转阀式动力转向系统为例。

2. 转阀式动力转向系统的基本工作原理

图5-21所示为桑塔纳轿车整体转阀式动力转向系统。它由齿轮齿条式机械转向器、转阀式转向控制阀、转向动力缸、储油罐、油泵、高低压油管及横拉杆等组成。转阀式转向控制阀(简称转阀)主要由阀芯、阀套、扭杆等部件组成。转向盘与转向轴以花键连接。转向轴通过柔性万向节与扭杆以花键连接。扭杆上端部又以销钉与阀芯连接。阀芯与阀套能相对转动。阀套下部以销轴与小齿轮连接,而扭杆下部与小齿轮刚性连接。阀套内壁开有6个纵向槽。相

应地阀芯外表有6个凸肩。每个凸肩左、右与阀套纵向槽配合处有间隙,称为转阀的预开隙。

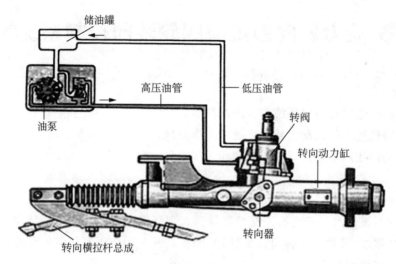

图 5-21 桑塔纳轿车整体转阀式动力转向系统

(1) 当汽车直线行驶时,转阀处于中间位置,如图 5-22(a)所示。来自转向油泵的工作液向阀套的三个进油孔供油。油液通过预开隙进入阀芯的凹槽,通过阀芯的低压油孔进入阀芯与扭杆间的空腔,再经过阀套的低压油孔通过低压油管流回油罐,形成油路循环。另外,由油泵压入阀套的油液经过预开隙进入阀套左、右两侧的出油孔,其中一路进入转向器动力缸的左油缸,另一路进入转向器动力缸的右油缸。由于左、右油缸均进油,且油压相等,更由于油路连通回油道而建立不起高压,因此转向器没有助力作用。

(2) 当汽车右转弯时,转向盘带动转向轴转动并带动扭杆顺时针转动,如图 5-22(b)所示。扭杆端头与阀芯以销钉连接,因而带动阀芯转动一个角度。这时阀套的高压油口一侧的预开隙被关闭,另一侧的预开隙开度变大。压力油压向转向器右缸,而活塞向伸出转向器方向移动,也即将齿条推出,从而起到了转向助力的作用,使汽车向右转弯。活塞左缸的油液被压出,通过阀套孔、阀芯及阀芯与扭杆间的间隙流回油罐。

(3) 当汽车左转弯时,转向盘带动转向轴转动并带动扭杆逆时针转动,如图 5-22(c)所示。扭杆端头与阀芯连接,因而带动阀芯转动一个角度。这时阀套的高压油口一侧的预开隙被关闭,另一侧的预开隙开度变大。压力油压向转向器左缸,活塞向缩进转向器方向移动,也即将齿条收进转向器,从而起到了转向助力的作用,使汽车向左转弯。活塞右缸的油液被压出,通过阀套孔、阀芯及阀芯与扭杆间的间隙流回油罐。

当转向盘停在某一位置不再继续转动时,阀套随小齿轮在液力和扭杆弹力的作用下,沿转向盘转向方向旋转一个角度,使之与阀芯的相对角位移量减少,左、右油缸油压差减少,但仍有一定的助力作用。此时的助力转矩与车轮的回正力矩相平衡,使车轮维持在某一转向位置上。

在转向过程中,若转向盘转动的速度加快,则阀套与阀芯的相对角位移量也增大,左、右油缸的油压差也相应加大,前轮偏转的速度也加快。若转向盘转动得慢,则前轮偏转得也慢。若转向盘停在某一位置不变,则对应的前轮也停在某一位置不变。

驾驶员放松转向盘后,阀芯回到中间位置,失去了助力作用,此时转向轮在回正力矩的作用下自动回位。

当汽车直线行驶偶遇外界阻力使转向轮发生偏转时,阻力矩通过转向传动机构、齿轮齿条转向器、阀套下部销轴作用在阀套上,使阀套与阀芯之间产生相对角位移。这样使左、右油缸的油压不等,产生了与转向轮转向方向相反的助力作用。在此力的作用下,转向轮迅速回正,保证了汽车直线行驶的稳定性。

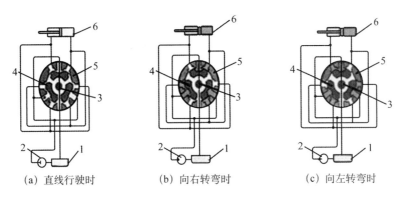

(a) 直线行驶时　　　(b) 向右转弯时　　　(c) 向左转弯时

1—储油罐；2—油泵；3—扭杆；4—阀芯；5—阀套；6—转向助力缸

图 5-22　桑塔纳轿车整体转阀式动力转向系统工作原理图

三、电控动力转向(EPS)系统

液压动力转向系统因其操纵灵活、轻便,目前得到了广泛应用。它的缺点是具有固定的动力放大倍数。如果设计时选择这个放大倍数的目的是减小在汽车停车或低速行驶时转动转向盘的力,则当汽车高速行驶时,采用这一放大倍数的动力转向系统会使转动转向盘的力太小,不利于高速行驶时控制汽车的方向。反之,如果设计时选择这个放大倍数的目的是增大在汽车高速行驶时转动转向盘的力,则当汽车在停车或低速行驶时,转动转向盘就会非常吃力。而 EPS 系统具有可变的动力放大倍数,既能在汽车低速行驶时使转向轻便、灵活,又能在汽车高速行驶时保证稳定的转向手感。

液压式 EPS 系统在普通动力转向系统的基础上增设了控制液体流量的电磁阀、车速传感器及 ECU。ECU 依据车速信号控制电磁阀,使动力转向系统的助力程度实现连续可调,从而满足汽车高、低速行驶时的转向要求。电动式 EPS 系统用电动机作为动力源。ECU 依据转向参数和车速传感器信号控制电动机转矩的大小和方向,并加在转向机构上,使其得到一个相应的转向作用力。

1. 液压式 EPS 系统

根据控制方式的不同,液压式 EPS 系统又可分为流量控制式 EPS 系统、反力控制式 EPS 系统和电阀灵敏度控制式 EPS 系统三种形式。

(1) 流量控制式 EPS 系统。

流量控制式 EPS 系统通过车速传感器信号调节向动力转向装置供应的压力油,改变油液的输入、输出流量,以控制转向力,其基本结构如图 5-23 所示。这是在日本蓝鸟轿车上使用的流量控制式 EPS 系统。它在一般液压动力转向系统上增加了旁通流量控制阀、车速传感器、转向角速度传感器、ECU和控制开关等元件。转向油泵与转向器本体之间设有旁通管路，旁通管路中又设有旁通油量控制阀。按照来自车速传感器、转向角速度传感器和控制开关的信号，ECU向旁通流量控制阀发出控制信号，控制旁通流量，从而调整向转向器供油的流量，如图5-24所示。当向转向器供油的流量减少时，动力转向控制阀灵敏度下降，转向助力作用减弱，转向力增大。

图5-25所示为旁通流量控制阀的结构示意图。调整调节螺钉可以调节旁通流量的大小。稳压滑阀的功用是保持流量主孔前后压差的稳定，以使旁通流量与流量主孔的开口面积成正比。当转向负荷变化而使流量主孔前后压差偏离设定值时，稳压滑阀阀芯将在左侧弹簧张力和右侧高压油压力的作用下发生滑移。如果压差大于设定值，则阀芯左移，使节流孔开口面积减少，流入阀内的油液量减少，前后压差减少；如果压差小于设定值，则阀芯右移，使节流孔开口面积增大，流入阀内的油液量增多，前后压差增大。流量主孔前后压差稳定保证了旁通流量的大小只与主滑阀控制的流量主孔的开口面积有关。

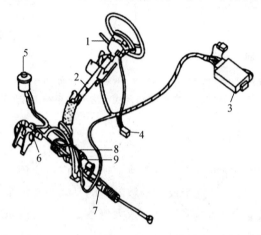

1—转向角速度传感器；2—转向管柱；3—电子控制单元；4—转向角速度传感器增幅器；5—油杯；
6—动力转向油泵；7—转向齿轮联动机构；8—旁通流量控制阀；9—电磁线圈

图5-23　蓝鸟轿车的流量控制式EPS系统

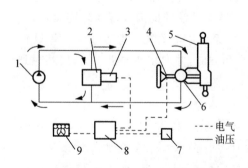

1—转向油泵；2—旁通流量阀；3—电磁线圈；
4—转向角速度传感器；5—转向器；6—控制阀；
7—车速传感器；8—ECU；9—选择开关

图5-24　流量控制式EPS系统原理示意图

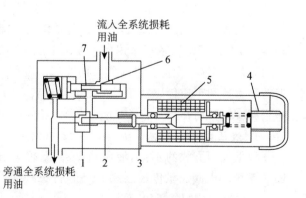

1—流量主孔；2—主滑阀；3—电磁线圈柱塞；
4—调节螺钉；5—电磁线圈；6—节流孔；7—稳压滑阀

图5-25　旁通流量控制阀结构

流量控制式 EPS 系统结构简单,成本较低,但是,当流向动力转向机构的压力油减少到极限值时,其对于快速转向会出现压力不足、响应较慢等现象。故流量控制式 EPS 系统的推广应用受到限制。

(2) 反力控制式 EPS 系统。

反力控制式 EPS 系统能根据车速大小,控制反力室油压,改变输入、输出增益幅度,从而控制转向力大小。

图 5-26 所示是反力控制式 EPS 系统的工作原理图。该系统主要由转向控制阀、分流阀、电磁阀、转向动力缸、转向油泵、储油箱及电子控制单元等组成。转向控制阀在传统的整体转阀式转向控制阀的基础上增设了油压反力室。扭力杆的上端通过销子与转阀阀杆相连,下端与小齿轮轴用销子连接。小齿轮轴的上端通过销子与控制阀阀体相连。转向时,转向盘上的转向力通过扭力杆传递给小齿轮轴。当转向力增大,扭力杆发生扭转变形时,控制阀阀体和转阀阀杆之间将发生相对转动,于是就改变了阀体和阀杆之间油道的通断关系和工作油液的流动方向,从而起到转向助力作用。

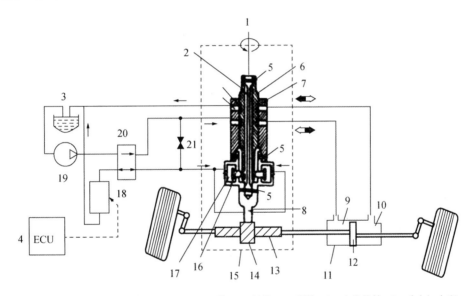

1—转向盘;2—扭杆;3—油箱;4—ECU;5—销;6—阀芯;7—阀体;8—小齿轮轴;9—动力缸右室;
10—动力缸左室;11—动力缸;12—活塞;13—齿条;14—小齿轮;15—转向齿轮箱;16—柱塞;
17—油压反力室;18—电磁阀;19—油泵;20—分流阀;21—阻尼孔

图 5-26 反力控制式 EPS 的组成

分流阀是将来自转向油泵的机油向控制阀一侧和电磁阀一侧进行分流的阀。按照车速和转向要求,改变控制阀一侧与电磁阀一侧的油压,确保电磁阀一侧具有稳定的油液流量。固定小孔的功用是将供给转向控制阀的一部分油液分配到油压反力室一侧。电磁阀的功用是根据需要让油压反力室一侧的油液流回储油箱。ECU 根据车速的快慢,线性控制电磁阀的开口面积。当车辆停驶或速度较慢时,ECU 使电磁线圈的通电电流增大,电磁阀开口面积增大,经分流阀分流的油液通过电磁阀重新回流到储油箱中,作用于柱塞的背压(油压反力室压力)降低。于是柱塞推动控制阀转阀阀杆的力(反力)减小,因此只需较小的转向力就可使扭力杆扭转变形,使阀体与阀杆发生相对转动而产生转向助力作用。

当车辆中高速转向时,ECU 使电磁线圈的通电电流减小,电磁阀开口面积减小,油压反力室的油压升高,作用于柱塞的背压增高,于是柱塞推动转阀阀杆的力增大,此时需要较大的转向力才能使阀体与阀杆之间做相对转动(相当于增加了扭力杆的扭转刚度)而产生转向助力作用。

反力控制式 EPS 系统的优点是具有较大的选择转向力的自由度,使驾驶员能确实感受到路面情况,获得稳定的操作手感。其缺点是结构复杂,价格较高。

(3) 电阀灵敏度控制式 EPS 系统。

电阀灵敏度控制式 EPS 系统根据车速控制电磁阀直接改变动力转向控制阀的油压增益(阀灵敏度)来控制油压,从而控制转向力的大小。这种转向系统结构简单、部件少、价格便宜,而且具有较大的选择转向力的自由度特性。

图 5-27 所示是 89 型地平线牌轿车所采用的电阀灵敏度控制式 EPS 系统。该系统对转向控制阀做了局部改进,并增加了电磁阀、车速传感器和 ECU 等。

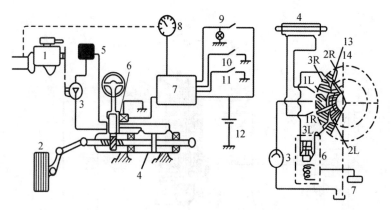

1—发动机;2—前轮;3—转向油泵;4—动力缸;5—转向油罐;6—电磁阀;7—ECU;
8—车速传感器;9—车灯开关;10—空挡开关;11—离合器开关;12—蓄电池;13—外体;14—内体

图 5-27　89 型地平线牌轿车电阀灵敏度控制式 EPS 系统

转阀的可变小孔分为低速专用小孔(1R、1L、2R、2L)和高速专用小孔(3R、3L)两种。高速专用小孔的下边设有旁通电磁阀回路。图 5-28 所示为该系统的阀体等效液压回路。

当车辆停止时,电磁阀完全关闭。如果此时向右转动转向盘,则低速专用小孔 1R 及 2R 在较小的转向转矩作用下即可关闭,转向油泵的高压油液经 1L 小孔流向转向动力缸右腔室,左腔室的油液经 3L、2L 小孔流回储油箱。而且施加在转向盘上的转向力矩越大,可变小孔 1L、2L 的开口面积越大,节流作用越小,转向助力作用越明显。随着车辆行驶速度的加快,在 ECU 的作用下,电

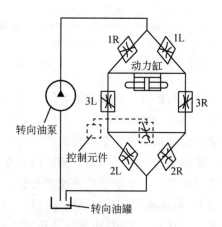

图 5-28　阀体等效液压回路

磁阀的开度也线性增加。如果向右转动转向盘,则转向油泵的高压油液经 1L、3R 小孔流回储油箱。此时,转向助力缸右腔室的转向助力油压就取决于旁通电磁阀和灵敏度低的高速专用小孔 3R 的开度。车速越快,在 ECU 的控制下,电磁阀的开度越大,旁通流量越大,转向助力作用越小。在车速不变的情况下,施加在转向盘上的转向力越小,高速专用小孔 3R 的开度越大,转向助力作用也越小,当转向力增大时,3R 的开度逐渐减小,转向助力作用也随之增大。由此可见,电阀灵敏度控制式 EPS 可使驾驶员获得非常自然的转向手感。

2. 电动式 EPS 系统

随着电子技术的进一步发展,目前越来越多的轿车上采用了电动式 EPS 系统。它是一种直接依靠电动机提供辅助转矩的 EPS 系统。其具有如下优点:

① 采用电力作为转向动力,省去了油压系统,所以不需要给转向油泵补充油。
② 电动机只是在需要转向时才接通电源,所以动力消耗和燃油消耗均可降到最低。
③ 将各部件装配成一个整体,既无管道也无控制阀,结构紧凑、质量较轻。一般电动式 EPS 系统的质量比液压式 EPS 系统的质量轻 25% 左右。
④ 电动机工作可用 ECU 进行控制,具有较好的兼容性。

(1) 电动式 EPS 系统的组成。

电动式 EPS 系统通常由转矩传感器、车速传感器、ECU、电动机、电磁离合器、减速机构等组成,如图 5-29 所示。

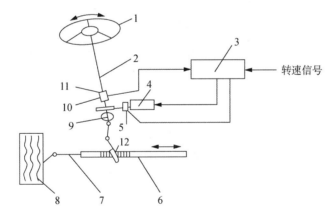

1—转向盘;2—转向轴;3—ECU;4—电动机;5—电磁离合器;6—转向齿条;
7—横拉杆;8—转向轮;9—输出轴;10—扭力杆;11—转矩传感器;12—转向齿轮

图 5-29 电动式 EPS 的组成

① 传感器。

系统中的传感器主要有车速传感器和转矩传感器,其中车速传感器的作用是测量车辆行驶速度。转矩传感器的作用是测量转向盘与转向器之间的相对转矩。图 5-30 所示为一种无触点式转矩传感器的结构及原理。

其工作原理是:当转向盘处于中间位置(直驶)时,扭力杆的纵向对称面正好处于图示输出轴极靴 AC、BD 的对称面上。当在 U、T 两端加上连续的输入脉冲电压信号 U_i 时,由于通过每个极靴的磁通量相等,所以在 V、W 两端检测到的输出电压信号 $U_o=0$。当转动转向盘时,由于扭力杆和输出轴极靴之间发生相对扭转变形,极靴 A、D 之间的磁阻增加,B、

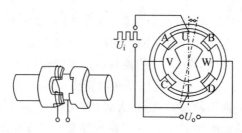

图 5-30　无触点式转矩传感器的结构及原理图

C 之间的磁阻减少,各个极靴的磁通量发生变化,于是在 V、W 之间就出现了电位差。其电位差与扭力杆的扭转角和输入电压 U_i 成正比。所以,测量出 V、W 两端的电位差就可以测量出扭力杆的扭转角,即可得出转向盘上施加的转矩大小。

② ECU。

ECU 包括检测电路、微处理器、控制电路等。检测电路将传感器的信号进行整形放大后输入微处理器。然后微处理器计算出最优化的助力转矩。控制电路将来自微处理器的电流命令输送到电机驱动电路。

③ 电动机。

电动式 EPS 系统用的电动机是直流电动机,与启动用直流电动机原理基本相同。最大电流为 30 A 左右,电压为 DC 12V,额定转矩为 10 N·m 左右。

④ 电磁离合器。

EPS 系统工作时,如果车速超过规定速度(如 45 km/h),就不需要电动机辅助动力转向,此时电动机停止工作,且电磁离合器分离,不再起传递动力的作用。在不加动力的情况下,电磁离合器可以消除电动机惯性的影响。

⑤ 减速机构。

减速机构是电动式 EPS 系统不可缺少的部件。其作用是把电动机的输出扭矩进行增扭,再传给转向齿轮箱的主要部件。目前已使用的减速机构有多种组合方式,如两级行星齿轮与传动齿轮驱动组合式、涡轮蜗杆与转向轴驱动组合式等。为了抑制噪声和增强耐久性,减速机构中的齿轮多半采用特殊齿形或者采用树脂材料。

(2) 电动式 EPS 系统的工作原理。

当驾驶员操纵转向盘时,转矩传感器不断输出与转向力大小相应的转矩信号,同时,车速传感器提供的车速信号与该信号同时被输入 ECU。ECU 根据这些输入信号,确定动力转矩的大小和方向,即选定电动机的电流和方向。电动机的转矩由电磁离合器传递并通过减速机构增扭后,加在汽车的转向机构上,使之得到一个与汽车工况相适应的转向作用力。当车速超过规定的速度时,电磁离合器的驱动信号被切断,电动机与减速机构分离,同时电动机停止工作。

四、四轮转向系统

四轮转向(4WS)汽车是指四个车轮都是转向车轮的汽车,或 4 个车轮都能起转向作用的汽车。4WS 系统在传统两轮转向(2WS)系统的基础上增设了一个安装在后悬架上的后轮转向机构,能够使驾驶员操纵转向盘时转动汽车的前后四个车轮,不仅增强了汽车高速行驶时的稳定性和可控性,而且增强了汽车低速行驶时的机动性。目前4WS系统多被应用在高级轿车、大型车辆上,也有一些SUV以及跑车具有四轮转向的功能。

1. 4WS车辆的转向特性

(1) 低速转向时的逆向转向特性。

图5-31所示是汽车低速转向时的行驶轨迹。由图可知,2WS汽车后轮不转向,所以转向中心大致在后轴的延长线上;而4WS汽车对后轮进行逆向转向操纵,其转向中心就比2WS车超前并在靠近车体处。在低速转向时,若前轮转向角相同,则4WS汽车的转向半径更小,内轮差也更小,所以转向性好。

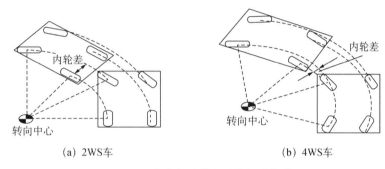

图5-31 汽车低速转向时的行驶轨迹

(2) 高速转向时的同向转向特性。

直线行驶的汽车转向是下列运动的合成运动:汽车质心绕转向中心的公转和汽车绕质心的自转。图5-32所示为2WS汽车中高速转向时的运动状态:前轮转向时,前轮产生侧偏角α,并产生旋转向心力使车体开始自转。当车体出现自转时,后轮产生侧偏角β和旋转向心力。车速越快,离心力越大,所以前轮需要更大的侧偏角,产生更大的旋转向心力,但与此同时,后轮也产生与此相应的侧偏角,使车体的自转趋势更加严重。也就是说,车速越快,转向时越容易引起车辆的旋转和侧滑。

理想的高速转向运动状态是车体的方向和前进方向尽可能一致,从而使后轮产生足够的旋转向心力。4WS汽车通过对后轮进行同向转向操纵,使后轮也产生侧偏角,后轮产生的旋转向心力与前轮产生的旋转向心力相平衡,从而抑制自转运动,使车体方向和前进方向一致,如图5-33所示。

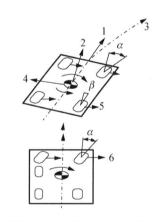

1—车体方向;2—前进方向;3—转向方向;
4—离心力;β—后轮侧偏角;
5—后轮旋转向心力;α—前轮侧偏角;
6—前轮旋转向心力

图5-32 2WS汽车中高速转向时的运动状态

2. 转向角比例控制

转向角比例控制是指使后轮转角与前轮转角成比例,在低速转向时前、后轮实现逆相位转向,而在中高速转向时前、后轮实现同相位转向的转向操纵控制。其能使车体方向与前进方向一致,使汽车获得稳定的转向性能。

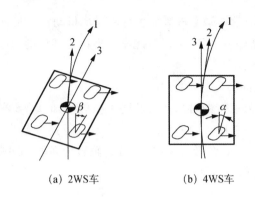

(a) 2WS车　　　　(b) 4WS车

1—转向方向；2—前进方向；3—车体方向

图 5-33　高速转向时 2WS 和 4WS 汽车同向转向操纵比较

(1) 系统组成。

图 5-34 所示是丰田 4WS 转向角比例控制系统图。该系统在机械式 4WS 系统的基础上增加了电子控制装置。前后轮都有齿轮机构，中间由连接轴连接。转向时，转向盘的旋转传递到齿轮齿条转向器，由齿条带动横拉杆左右运动，使前轮转向。同时，小齿轮向后输出动力，通过连接轴传给后轮齿轮机构。

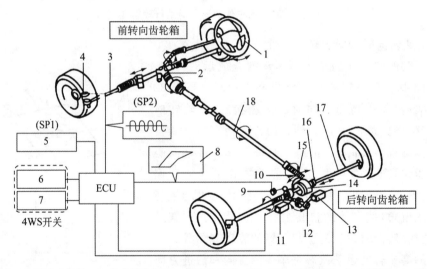

1—方向盘；2—输出小齿轮；3—转向横拉杆；4—车速传感器；SP1、SP2—车速信号；5—速度表；6—2WS 开关；
7—工况转换开关；8—转向信号；9—转向传感器；10—扇形齿轮；11—主电动机；12—4WS 转换器；
13—辅助电动机；14—转向枢轴；15—输入小齿轮；16—从动杆；17—后转向横拉杆；18—连接轴

图 5-34　丰田 4WS 转向角比例控制系统

① 转向枢轴。

图 5-35(a) 所示为转向枢轴的结构。转向枢轴位于后转向齿轮箱内，是一个大的轴承。其外圈与扇形齿轮成为一体，围绕枢轴可左右旋转。内圈与连杆突出的偏心轴相连。连杆通过 4WS 转换器的电动机以连杆旋转中心做正反旋转。

转向时，输入小齿轮向左或向右旋转时，带动扇形齿轮转动，再由转向枢轴通过偏心轴使连杆向左右方向移动，连杆带动后转向横拉杆和后转向节臂实现后轮的转向。图 5-35

(b)、5-35(c)和 5-35(d)所示为转向枢轴与偏心轴的运动形成后轮的同相位和逆相位的转向原理图。偏心轴的前端与转向枢轴左右旋转中心重合时,即使转向枢轴左右转动,连杆也完全不动,后轮就在中立状态。随着偏心轴前端位置上下偏离转向枢轴的旋转中心,转向枢轴左右转动时连杆的移动量就会变大。偏心轴前端位置与后轮转向之间的动态关系是:偏心轴前端位置在转向枢轴的上侧时后轮为逆向转向,在下侧时后轮为同向转向。

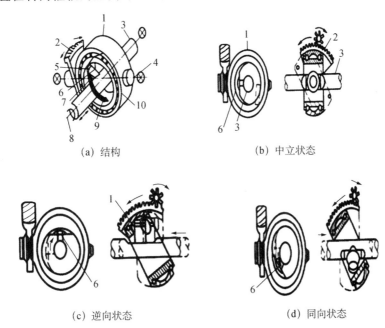

1—转向枢轴;2—扇形齿轮;3—从动杆;4—转向枢轴左右回转中心;5—连接座;
6—偏心轴;7—偏心轴运动轨迹;8—从动杆回转中心;9—内套;10—外套

图 5-35 转向枢轴

② 4WS 转换器。

图 5-36 所示是 4WS 转换器部分结构示意图。转换器由主电动机、辅助电动机、行星齿轮的减速机构等组成。通常主电动机转动,辅助电动机处于停止状态。辅助电动机的输出轴与行星齿轮的中心齿轮相连。通常中心齿轮固定不动,而与主电动机相连的小齿轮旋转。因此,小齿轮围绕着中心齿轮进行公转和自转,以此带动 4WS 转换器的输出齿圈。主电动机不工作时,小齿轮就变成空转齿轮,并将辅助电动机旋转传递到齿圈,使连杆按同相位方向旋转。

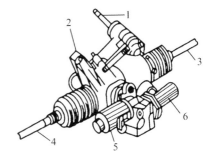

1—输入轴;2—后轮转向传感器;
3—转向右拉杆;4—转向左拉杆;
5—主电动机;6—辅助电动机

图 5-36 4WS 转换器部分结构示意图

(2) 控制原理。

ECU 通过转向角传感器、车速传感器的输入信号,进行以下控制。

① 转向角比例控制。如图 5-37 所示,驾驶员通过 4WS 方式转换开关,可选择常规模式(NORMAL)和运动模式(SPORT)。车速主要由车速表的传感器提供,用 ABS 车速传感

器中的前轮的一个传感器输入信号作为辅助信号。转向角传感器检测后转向齿轮箱内的连杆的旋转角度。根据旋转角度的变化,传感器内的滑动电阻值发生变化,进而使得电路中的电压发生变化。不同的电压信号输入 ECU 后,ECU 将做相应的转向角比例控制。

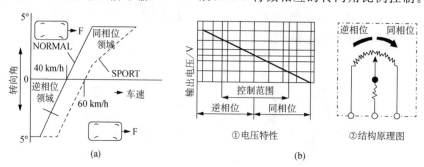

图 5-37 转向角比例控制图

② 安全性控制。系统出现故障时,ECU 在进行下列工作的同时点亮"4WS 警告灯",通知驾驶员,而且 ECU 将记忆故障信息。

a. 主电动机异常时,ECU 驱动辅助电动机,只在同向方向上,以常规模式(NORMAL)按照车速进行转向角比例控制。

b. 车速传感器异常时,ECU 采用车速传感器 SP1 和 SP2 中车速快的值,通过主电动机对后轮进行同相位转向角比例控制。

c. 转向角传感器异常时,ECU 通过辅助电动机驱动到同相位方向转向角比例为最大值时停止控制。此时,若辅助电动机异常,则用主电动机进行同样的控制。

d. ECU 异常时,通过辅助电动机驱动到同相位方向转向角比例为最大值时停止控制。这能避免出现逆相位状态。

任务实施

根据表 5-2 的内容,识别不同类型的动力转向系统。

表 5-2 识别内容

液压式动力转向系统	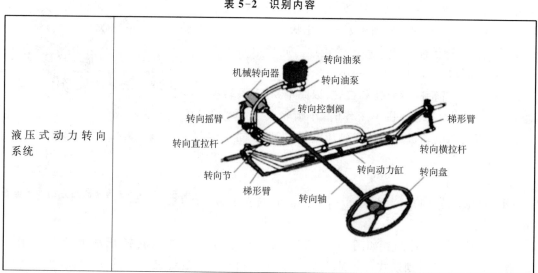

续表

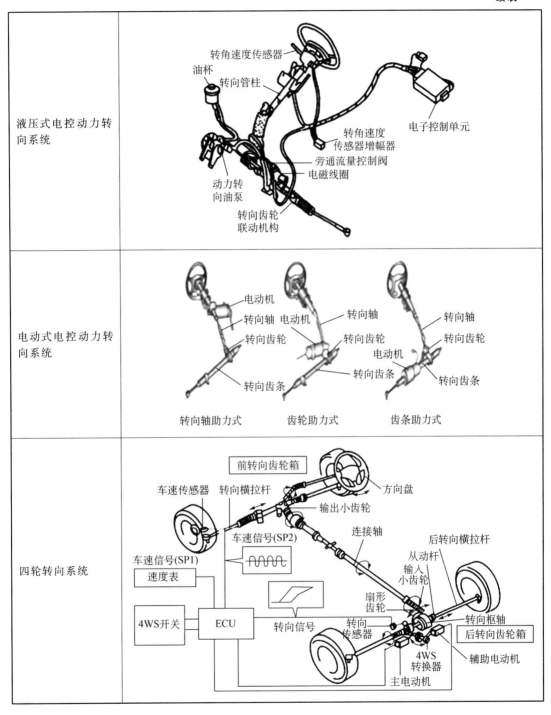

学后测评

一、填空题

1. 动力转向系统按控制方式可以分为_____和_____。

2. 液压式动力转向系统由机械转向器、转向控制阀、_____、转向油罐和_____等组成。

3. 电阀灵敏度控制式 EPS 系统根据车速控制电磁阀直接改变_____来控制油压,从而控制转向力的大小。

4. 电动式 EPS 系统中用的电动机是_____。

5. 四轮转向系统在传统两轮转向系统的基础上,增设了一个_____机构。

6. 根据控制方式的不同,液压式电控动力转向系统又可分为_____、_____和电阀灵敏度控制式三种形式。

二、简答题

1. 简述动力转向系统的分类。

2. 简述电动式 EPS 系统的工作原理。

3. 简述 4WS 车辆的转向特性。

任务三 转向系统的检修

任务目标

- 掌握齿轮齿条式转向器的拆装、调整及检修方法。
- 了解其他转向器的拆装、调整及检修方法。
- 掌握各种故障产生的原因和诊断方法及步骤。

任务导入

汽车在行驶过程中改变行驶方向是不可避免的。若驾驶员通过方向盘感觉到在汽车低速行驶时转向操作很沉,在汽车中速行驶时转向操作较轻,在汽车高速行驶时转向操作很轻,行驶就存在安全隐患。要避免操作过程中的上述弊端,就必须及时对汽车转向系统进行检修。

必备知识

一、转向系统的维修

1. 齿轮齿条式转向器的维修

齿轮齿条式转向器结构简单,可靠性好。图 5-38 所示为某种齿轮齿条式转向器。

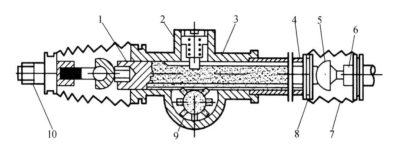

1—转向齿条;2—齿条导块;3—转向器壳体;4—衬套;5—齿条端头;
6—横拉杆;7—齿条防尘罩;8—箍带;9—转向齿轮;10—横拉杆

图 5-38 齿轮齿条式转向器

(1) 拆卸。

拆卸分解齿轮齿条式转向器时,应先在转向齿条端头与横拉杆连接处打上安装标记;然后拆卸转向齿条端头,但不能碰伤转向齿条的外表面;拆下转向齿条导块组件后,拉住转向齿条,使齿对准转向车轮,再拆卸转向车轮;最后抽出转向齿条。抽出时,注意不能让转向齿条转动,防止碰伤齿面。

(2) 主要零件的检修。

① 零件若出现裂纹应更换,横拉杆、齿条在总成修理时应进行隐伤检验。

② 转向齿条的直线度误差不得大于 0.30 mm。若发现误差大于 0.3 mm,应更换转向齿条。

③ 齿面上无疲劳剥蚀及严重的磨损。若发现左右大转角时转向沉重,且又无法调整时应更换转向器。

④ 若发现转向器有异常,且转向有异响时应更换转向车轮轴承。

(3) 齿轮齿条式转向器的安装。

① 安装转向齿轮。

a. 将上轴承和下轴承压在转向齿轮轴颈上,在轴承内座圈与齿端之间装好隔圈。

b. 把油封压入调整螺栓。

c. 将转向齿轮及轴承一块压入壳体。

d. 装上调整螺栓及油封,并调整转向齿轮轴承紧度。

e. 按原厂规定力矩紧固锁紧螺母,并装好防尘罩。

② 装入转向齿条。

③ 安装齿条衬套(转向齿条与衬套的配合间隙不得大于 0.15 mm)。

④ 装入转向齿条导块、隔环。导块压紧弹簧,调整螺栓(弹簧冒)及锁紧螺母。

⑤ 调整转向齿条与转向齿轮的啮合间隙。该啮合间隙也称转向齿条的预紧力。因结

构的差异,调整方法也有所不同。但常见的方法有两种:一种是改变转向齿条导块与盖之间的垫片厚度来调整转向齿条与转向齿轮轮齿的啮合深度,完成预紧力的调整;另一种是用盖上的调整螺栓改变转向齿条导块与弹簧座之间的间隙值来完成预紧力的调整。

图 5-39 所示的结构形式,其预紧力的调整步骤是:先不装弹簧以及壳体与盖之间的垫片,进行 x 值的调整,使转向齿轮轴上的转动力矩为 $1\sim2$ N·m;然后用厚薄规测量 x 值;再在 x 值上加 $0.05\sim0.13$ mm,此值就是应加垫片的总厚度,也就是转向齿条和转向齿轮合格的啮合间隙所要求的垫片总厚度。

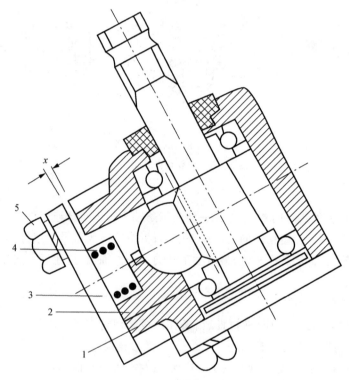

1—转向器壳体;2—导块;3—盖;4—导块压紧弹簧;5—固定螺母;
x—盖与壳体之间的间隙

图 5-39 转向齿条的预紧力调整机构

⑥ 安装垫圈和转向齿条端头时,应特别注意转向齿条端头和齿条的连接必须紧固、锁止可靠。

⑦ 安装横拉杆和横拉杆端头,并按原厂规定检查调整左、右横拉杆的长度,以保证转向轮前束正确;另外,应保证横拉杆端头球销的夹角符合原厂规定;调整合格后,必须按原厂规定的转矩紧固并锁止横拉杆夹子。

2. 动力转向系统的维修

(1) 动力转向器的检修。

① 动力转向器拆卸注意事项。

拆卸分解动力转向器之前,应先放掉润滑油,检查转向器的转动力矩,若发现转动力矩不符合原厂规定且又无法调整时,应考虑更换转向器总成。在枢轴处于 360°位置时,将枢轴分别向左、向右从头至尾转动数次(在360°处的转动力矩一般应为0.7~1.2 N·m)。然后在正中位置测量转动力矩。(所谓正中位置,就是枢轴从闭锁状态转过一圈再加上360°。正中位置的转动力矩应比360°处的转动力矩大0.1~0.4 N·m)若发现正中位置的转动力矩不符合要求,则应调整转向器传动副的啮合间隙。当发现转动力矩已无法调整到规定的范围内时,可以考虑更换转向器总成或进行检修。

② 动力转向器的拆卸。

拆卸动力转向器时应先将壳体可靠地夹持在台钳上。这里以循环球转阀整体式动力转向器为例,如图5-40所示。其拆卸顺序如下:

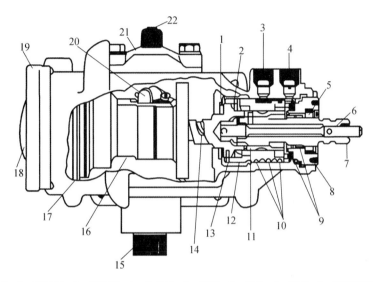

1—推力轴承;2—密封圈;3—进油口;4—出油口;5—油封;6—扭杆;7—枢轴;8—调整螺塞;9—轴承;
10—密封圈;11—滑阀;12—阀体;13—定位销;14—转向螺杆;15—摇臂轴;16—转向齿条活塞;
17—齿条活塞密封圈;18—端盖;19—壳体;20—钢球导管;21—侧盖;22—调整螺栓

图5-40 循环球转阀整体式动力转向器

a. 拆卸摇臂轴。将摇臂轴上的扇形齿置于中间位置,先拆下摇臂轴油封;接着拆下侧盖固定螺栓,将摇臂轴压出约20 mm;然后给摇臂轴支撑轴颈端套上约0.1 mm厚的塑料筒,用一只手抓住侧盖抽出摇臂轴,同时用另一只手从另一端压入塑料筒,以防止轴承滚针散落到壳体内腔,引起拆卸不便。

b. 拆前端盖。用冲头冲击前端盖的弹簧挡圈,然后逆时针转动控制阀阀芯的枢轴,取下前盖。

c. 拆卸转向齿条活塞。把有外花键的专用芯轴从前端插入转向齿条活塞的中心孔,直至顶住转向螺杆的端部。然后逆时针转动控制阀阀芯枢轴,将专用芯轴、齿条活塞、钢球作为一个组件整体取出。

d. 拆卸调整螺栓(上端盖)。应先在螺栓和壳体上做对位标记,以便装配时保证滑阀的轴向间隙。然后用专用扳手插入螺栓端面上的拆卸孔内,拆下调整螺栓。拆下时应防止损坏调整螺栓。

e. 拆下阀体。由于滑阀与阀体都是精密零件,其公差为0.0025 mm,并且经过严格的平衡,因此拆卸时不得磕碰,以免损伤零件表面,拆下后应合理地堆放在清洁处。

f. 拆下所有的橡胶类密封元件。

③ 动力转向器零件的检验。

a. 若发现滑阀与阀体的定位孔出现裂纹、明显的磨损,滑阀在阀体内发卡,应更换阀体组件,如图 5-41 所示。

b. 若发现输入轴配合表面有明显的磨痕、划伤和毛刺,应更换输入轴。

c. 修理转向控制阀时,必须更换所有的橡胶类密封元件。

d. 若发现壳体上的球堵、堵盖之类的密封件有渗漏现象,应更换密封元件。

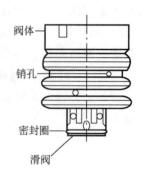

图 5-41 转向控制阀的检验

④ 动力转向器的装配。

a. 装配前,应将各零件清洗干净,并用压缩空气吹干,不得用其他织物擦拭。

b. 组装转向螺杆、齿条活塞组件:

- 将转向螺杆装入齿条活塞中,然后将黑色间隔钢球和白色承载钢球间隔从齿条活塞背上的两个钢球导孔中装入滚道。
- 用钢球装满钢球导管,再将导管插入导孔,按规定扭矩用导管夹固定好导管。
- 将专用芯轴从齿条活塞前端装入齿条活塞,直至顶住转向螺杆。

c. 安装阀体与螺杆,使阀体上的凹槽与螺杆的定位销对准。

d. 安装阀芯、输入轴,并装好推力轴承及所有的橡胶密封圈和聚四氟乙烯密封圈。

e. 把阀体推入转向器壳体中,把专用芯轴与齿条活塞一并装入壳体,待与螺杆啮合后,顺时针转动输入轴,将齿条活塞拉入壳体后,再取出专用芯轴。

f. 安装调整螺栓,并调整好调整螺栓的预紧度。

g. 安装摇臂轴组件,注意对正安装记号和按规定力矩紧固侧盖,并注意用适当厚度的垫片调整"T"形销与销槽之间的间隙,以达到控制摇臂轴轴向窜动量的目的。

h. 调整摇臂轴扇形齿与齿条活塞的啮合间隙,检验输入轴的转动力矩是否符合原厂规定。

(2) 转向油泵的检修。

汽车的动力转向系统所用的转向油泵多为叶片式油泵。这种油泵具有结构紧凑、质量轻、性能稳定、转速范围大、效率高、可靠耐用、维修方便等特点。因此,动力转向系统广泛采用叶片式转向油泵来保证工作压力。叶片式转向油泵俗称刮片泵,主要部件包括壳体、转子、叶片、凸轮环、流量控制阀和储油罐等,如图 5-42 所示。

① 叶片式转向油泵的拆卸。

当发现转向油泵壳体接合面、泵轴、储液罐与泵的连接处、流量控制阀等部位出现渗漏时,应拆卸分解转向油泵,进行检修。

a. 将泵内油液排放干净后,从发动机上拆下转向油泵。

b. 拆散转向油泵时应在前、后壳体接合面处打上装配记号后,再拆开壳体。

c. 在拆下偏心壳时,务必使叶片不要脱开转子。

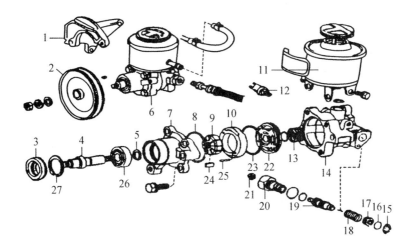

1—支架；2—皮带轮；3—油封；4—转子轴；5、15、27—卡环；6—液压泵总成；7—前壳；8、16、23—O形环；9—转子；10—凸轮圈；11—储油罐；12—通气阀；13、18—弹簧；14—后壳体；17—弹簧座；19—流量控制阀；20—阀座；21—接头座；22—后板；24—直销；25—叶片；26—轴承；27—锁环

图 5-42 叶片式转向油泵

d. 拆下卡环和油封时应使用专用工具。

e. 打上包括转子旋转方向的安装记号，在皮带盘上也打上安装记号后，才能拆下皮带盘及转子轴。

② 叶片式转向油泵的检修。

a. 当发现部件有油液泄漏时须更换油封和橡胶类密封圈。

b. 叶片与转子上的滑槽表面应无划痕及疲劳磨损等，其配合间隙一般应不大于 0.035 mm，叶片磨损后的高度与厚度不得小于原厂规定的使用限度；否则叶片或总成须更换。

c. 转子轴径向配合间隙为 0.03~0.05 mm。若间隙过大，轴承应更换。

d. 转子与凸轮环的配合间隙为 0.06 mm。工作面上应光滑，无疲劳磨损和划痕等缺陷。转子与凸轮环一般为非互换性配合，若间隙过大，总成须更换。

e. 皮带轮因缺损或其他原因而丧失平衡性能之后，应更换。

f. 流量阀弹簧的弹力或自由长度应符合原厂规定，否则弹簧应更换。

g. 检验流量阀球阀的密封性时先堵塞进液孔，然后从旁通孔通入 0.39~0.49 MPa 的压缩空气。若发现其出孔处漏气，则应更换流量阀。

③ 叶片式转向油泵的装配。

装配转向油泵附流量阀时，必须严格保持清洁；不得因装配工作而损伤叶片、转子、凸轮环等精密零件的工作面；应保证零件的装配标记和平衡标记相对应且位置正确；严格密封结合面及其他密封部位，必须在衬垫上涂抹密封胶。

将转向油泵装配好后应按规定进行部件性能试验，即功率-流量试验，在无部件性能试验条件时，必须进行动力转向系统性能的试验。

(3) 动力转向系统的试验与调整。

将动力转向系统装配完毕后,应进行油量、油压试验,排除系统内的空气,调整转向油泵皮带松紧度等作业,以保证动力转向系统良好的工作性能。若无动力转向系统试验台,可进行就车试验。就车试验按下列程序进行。

① 检查调整轮胎气压。

② 检查调整转向桥、转向系统各部位配合间隙以及转向盘的自由转动量。

③ 检查调整转向车轮的定位。

④ 检查调整转向油泵皮带张力。以原厂规定的压力(约 98 N),在皮带中部按下皮带,检查皮带的挠度。(一般新皮带挠度为 7~9 mm,在用皮带挠度为 10~12 mm)

⑤ 检查发动机转速。在发动机性能正常、怠速稳定的条件下,将转向盘转至极限位置。此时,若夹紧空气量控制阀软管,发动机转速应急速下降;若放松空气量控制阀软管,发动机转速应急速上升。

⑥ 检查储油罐液位。

a. 保持转向车轮与地面接触,在发动机维持怠速转动(约 1 000 r/min)条件下,将转向反复从一侧极限位置转至另一侧极限位置,使液压油的温度升至 323~353 K。

b. 储油罐液面应在上下限标线(或 HOT 和 COLD)之间,且油中无气泡。

c. 检查各部确无泄漏后,若需补充液压油,按原厂规定牌号补给液压油。

d. 若需要更换液压油,应先顶起转向桥,从储油罐及回油管排出旧油;使发动机怠速运转(约 1 000 r/min),排放旧液压油,同时将转向盘向左、向右反复转到极限位置,直至旧液压油排尽后 1~2 s,再加注新液压油。

⑦ 排放动力转向系统中的空气。

更换液压油后,检查储油罐中油位时如果发现有气泡冒出,就必须将系统内的空气排放干净,将会引起转向沉重、前轮摆动、转向油泵产生噪声等故障。排放程序如下:

a. 架起转向桥。

b. 使发动机怠速运转,反复向左、向右转动转向盘到极限位置,直至储油罐内无泡沫冒出并消除乳化现象。此时动力转向系统内的空气已基本被排净。

注意:发动机刚刚熄火后,储油罐中应无气泡,液面不得超过上限,停机 5 min 之后,液面应升高约 5 mm。

⑧ 测试动力转向系统的油压。

动力转向系统的油压可以表征转向油泵和流量控制阀的技术状况。为了检查系统油压,检查储油罐液位之前,应在系统内装入油压测试器,如图 5-43 所示。油压测试器由油压表和截止阀并联而成。

a. 将油压测试器串联在动力转向器的进油管道上。

b. 转动转向盘,使转向车轮向右转至极限位置。

c. 启动发动机,使其转速稳定在 1 500~1 600 r/min。

d. 关闭截止阀。注意:关闭截止阀后,油压表指示压力应符合原厂规定(一般不低于 7 MPa)。截止阀关闭时间不

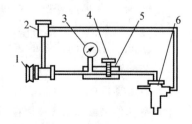

1—转向油泵;2—储油罐;
3—油压表;4—截止阀;
5—油压测试器;6—动力转向器

图 5-43 油压测试器接入系统

宜超过 10 s，以免对转向油泵造成不良影响。

⑨ 测量动力转向器的有效油压。

a. 发动机维持怠速转动。

b. 完全打开截止阀，将转向盘转至极限位置。此时油压表指示压力应符合原厂规定（一般不小于 7 MPa）。若油压过低或油压表指针抖动，则说明转向器内部有泄漏。

⑩ 检验流量控制阀的工作性能。

检验流量控制阀工作性能的方法有两种：一种是检验发动机在怠速状态下急加速时系统内的油压回降情况；另一种是检验无负荷时的油压差。

a. 检查系统油压回降情况。

• 将油压测试器安装在动力转向器的进油管道上，使发动机处于稳定怠速工况。

• 用截止阀开度调整油压表指示油压为 3 MPa。

• 保持转向盘不动，当发动机在怠速状态下急加速时，指示压力应随发动机转速增加而增大。

• 突然放松加速踏板，使发动机恢复稳定怠速工况，若油压表指示油压仍能恢复到 3 MPa，则说明流量控制阀性能可靠；否则，说明流量控制阀卡死或堵塞，需检修或更换。

b. 检查无负荷时的油压差。

• 完全打开截止阀。

• 分别测量发动机转速在 1 000 r/min 和 3 000 r/min 时的油压差，若油压差小于 0.49 MPa，则表明流量控制阀性能良好，动作灵活；否则表明流量控制阀需检修或更换。

⑪ 调整系统防过载装置。

系统防过载装置由转向器限位螺栓和车轮最大转向角限位螺栓组成。前者用于限制扇形齿即摇臂轴的最大摆角，后者用于限制转向时转向轮的最大转角。该装置要求在转向盘转至左、右极限位置时摇臂轴先碰抵转向器限位螺钉之后，转向节才碰抵最大转向角限位螺栓，以防止转向车轮转角过大，造成动力转向系统油压突然过高而产生过载，损坏密封件或使管道胀裂。系统防过载装置的调整程序如下：

a. 将油压测试器安装在动力转向器的进油管道上，并使发动机继续处在稳定怠速工况。

b. 松开转向器限位螺栓，再将转向盘转至一侧极限位置。

c. 将转向器限位螺栓拧进至与齿扇刚刚接触后，再退回约 1/3 圈。（此时指示油压应在 0~2 MPa 范围内）

d. 调整最大转向角限位螺栓，使转向轮与最大转向角限位螺栓抵触。（此时指示油压应不小于 7 MPa）

⑫ 检查动力转向器的回油压力。

把油压测试器装在动力转向器的回油管路中，让发动机处于怠速工况。此时指示油压应小于 0.5 MPa。若回油压力过大，则说明回油管被堵塞或压瘪，回油阻力过大。

⑬ 测量转向力。

a. 落下前桥，使汽车停放在平坦地面上，两转向车轮处于平行位置。

b. 让发动机怠速运转。

c. 测量转向盘从中间位置向左、向右转动时所需的力矩。装有安全气囊的动力转向系统的转向盘周缘的转动力一般不大于 39 N,无安全气囊的动力转向系统的转向盘周缘的转动力一般不大于7.5 N。

二、转向系统的故障诊断

汽车转向系统状况的好坏对汽车的行驶安全有着重要的影响。对转向系统故障进行诊断时,除考虑转向系统方面的原因外,还应考虑行驶系统方面的原因。

1. 机械式转向系统的故障诊断

(1) 转向沉重。

① 故障现象。

转动转向盘时,感到比平时沉重费力。

② 故障原因。

a. 转向器方面。

- 啮合间隙过小。
- 转向器各轴承轴向间隙过小。
- 转向器缺油。
- 转向轴弯曲、柱管凹陷导致相互碰擦等。

b. 转向传动机构方面。

- 各拉杆球头销配合处过紧,或者润滑不良。
- 横、直拉杆或者转向节变形。
- 转向节推力轴承缺油、损坏,或者轴承轴向间隙过小。

c. 其他方面。

- 前轮胎气压过低。
- 前轮定位失准。
- 前轮毂轴承过紧。
- 前桥或者车架变形。

③ 故障诊断与排除方法。

应先诊断出故障的大概原因,再做进一步诊断。

a. 大概诊断。顶起前桥,使前轮悬空。转动转向盘,若感到明显轻便省力,则可判断故障在前轮、前桥或车架。若感到转向仍然沉重费力,应将摇臂拆下,继续转动转向盘,如果感到明显轻便省力,则判断故障在转向传动机构;如果仍感到沉重费力,则可判断故障在转向器。

b. 转向器检查。若判断故障在转向器,则应对转向器进行检查。先检查外部转向轴有无变形凹陷等,再检查啮合间隙是否过小,轴承间隙是否过小,是否缺油,有无异响等。

c. 转向传动机构检查。检查各部连接处是否过紧而运动发卡,检查各拉杆及转向节有无变形,检查转向节主销轴向间隙是否过小。

d. 其他方面检查。检查轮胎气压、轮毂轴承松紧程度、前轮定位等。必要时,应对前轮及车架是否变形进行检查。

(2) 转向不灵敏,操纵不稳定。

① 故障现象。

操纵转向盘时感觉旷量很大,需较大幅度转动转向盘,才能控制汽车行驶方向,在汽车直行时感到行驶不稳。

② 故障原因。

a. 转向器啮合间隙过大,安装松动。

b. 转向轴与转向盘配合松动。

c. 转向传动机构各球头销处配合松动。

d. 前轮毂轴承间隙过大。

e. 汽车前轮前束过大。

③ 故障诊断与排除方法。

a. 应先检查转向盘的自由转动量。若自由转动量过大,则说明转向系统内存在间隙过大的故障;若自由转动量正常,则故障原因可能是前轮毂轴承间隙过大、主销与转向节衬套孔间隙过大、主销与转向节轴向间隙过大或前束值过大等。

b. 一人原地转动转向盘,另一人观察摇臂摆动。当摇臂开始摆动时若转向盘自由转动量不大,则说明转向传动机构松旷;否则说明转向器松旷。

c. 检查前轮毂轴承、主销等处,找出松旷部位。

d. 必要时应检查前束。前束值过大时,常伴随有轮胎异常磨损。

(3) 汽车行驶跑偏。

① 故障现象。

汽车直行时,驾驶员不断向一边轻拉转向盘,方能保持直线行驶;否则,汽车会自动向一边跑偏。

② 故障原因。

a. 左右两轮气压不等或轮胎直径不等。

b. 两个前轮的定位角不等。

c. 两个前轮轮毂轴承的松紧度不等。

d. 前束过大或过小。

e. 车架变形,一边钢板弹簧折断或过软,某一车桥歪斜等。

f. 一边车轮制动器拖滞。

③ 故障诊断与排除方法。

a. 外观检查。

• 检查两个前轮轮胎气压是否一致,若发现不一致,应按规定充气,使两前轮轮胎气压保持一致。

• 检查两前轮轮胎的磨损程度,若发现磨损程度不一致,应更换磨损严重的轮胎。

• 检查两前轮轮胎的花纹是否一致,若发现花纹不一致,应更换轮胎,使花纹一致。

• 将汽车停放在平坦的地面上,查看汽车前部高度是否一致,若发现高度不一致,则可判断悬架弹簧折断或弹力不一致,应更换悬架弹簧。

b. 用手触摸跑偏一方的车轮制动鼓和轮毂轴承部位,感觉温度情况。

• 若感觉车轮制动鼓特别热,则可判断该车轮制动器间隙过小或制动回位不彻底,应调整。

- 若感觉轮毂特别热，则可判断该车轮轴承过紧，应重新调整轴承预紧度。
- 测量前后桥左右两端中心的距离是否相等，若发现不相等，则可判断轴距短的一边钢板弹簧错位，车轴或半轴套管弯曲等，应检查维修。
- 用前轮定位仪检查前轮定位是否正确，若发现不正确，则应做前轮定位。

(4) 单边转向不足。

① 故障现象。

汽车转弯时，有时会出现方向盘左右转动量或车轮转角不等。

② 故障原因。

a. 转向摇臂安装位置不对。

b. 转向角限位螺钉调整不当。

c. 前钢板弹簧松动，或中心螺栓松动。

d. 转向直拉杆弯曲变形。

e. 钢板弹簧安装时位置不正，或中心不对称的前钢板弹簧装反。

③ 故障诊断与排除方法。

a. 若发现汽车原来转向良好，由于行驶中的碰撞而出现转向角不足或一边大一边小，则应检查直拉杆、前轴、前钢板弹簧有无变形和中心螺栓是否折断等。

b. 维修后若发现汽车出现转角不足，可架起前桥，先检查转向摇臂安装是否正确。将方向盘从左边极限位置转到右边极限位置，记住总圈数，再回转总圈数的一半，查看转向轮是否处于直线行驶位置，如不是，则应重新安装转向摇臂。

- 若发现左右转向角不等，则应做相应调整。
- 若发现前轮转向已靠到转向限位螺栓时最大转向角还不够，则可判断转向限位螺栓过长，应予以调整或更换。
- 若发现前钢板弹簧中心不对称，则应检查是否装反。

2. 动力转向系统的故障诊断

(1) 转向沉重或助力不足。

① 故障原因。

a. 转向油泵的皮带松动。

b. 储液罐内油面过低。

c. 转向器与转向管柱不对正。

d. 轮胎充气不当。

e. 转向控制阀发卡。

f. 转向器内泄漏过大。

g. 转向油泵磨损严重，导致压力过低或油液泄露过甚。

② 故障诊断与排除。

a. 按规定调整皮带张力。

b. 加油到规定油面，如发现油面过低，应检查所有管路和接头，拧紧松动接头。

c. 对正转向器和转向管柱。

d. 松开夹紧螺栓，正确地装配。

e. 按规定压力充气。

（2）转向盘回正过度或转向松旷。

① 故障原因。

a. 转向系统中有空气。

b. 转向器在支架上的安装出现支架松动。

c. 转向拉杆系过度磨损而松动。

d. 推力轴承预紧不足。

e. 转向器齿轮啮合间隙过大。

② 故障诊断与排除。

a. 向转向助力油壶加油，然后进行转向操作，排出系统中的空气。检查软管接头紧固力矩是否合适，需要时加以调整。

b. 按规定紧固力矩，拧紧连接螺栓。

c. 更换松动接头。

d. 从车上取下转向器，按规定进行调整。

（3）转向器有噪声。

① 故障原因。

a. 转向器在支架上的安装出现松动。

b. 转向拉杆松动。

c. 压力软管碰车辆其他部件。

d. 转向器齿条调整过松。

注：转向器可能发出轻微的喀喀声，这是正常的，不需要将间隙调整至规定的范围以下来消除这种轻微的喀喀声。

② 故障诊断与排除。

a. 检查转向器安装螺栓，用规定的紧固力矩拧紧螺栓。

b. 检查拉杆接头有无磨损，需要时更换。

c. 调整软管位置，不要用手使软管弯曲。

d. 按规定调整。

（4）发动机运转时转向，特别在车辆原地转向时，转向盘颤动或跳动。

① 故障原因。

a. 油面过低。

b. 油泵皮带松弛。

c. 打满转向时转向拉杆碰撞发动机油底壳。

d. 油泵泵油压力不足。

e. 转向油泵流量控制阀卡住。

② 故障诊断与排除。

a. 按需要添加转向液。

b. 按规定调整张力。

c. 校正间隙。

d. 按压力试验方法检查泵压,如发现流量阀已坏,则予以更换。

e. 检查有无胶质或损坏,需要时更换。

(5) 动力转向液产生乳状泡沫,液面低,液压力低。

① 故障原因。

转向液中有空气,或泵内泄漏造成液体损耗。

② 故障诊断与排除。

检查有无漏油并加以解决,排出系统中空气。若油面低,则过低的温度会使空气进入转向系统。如果发现油面正确,而泵仍然起泡沫,就将泵从车上取下,将油箱与泵体分开,检查有无堵塞和壳体有无裂缝,如果发现堵塞或外壳开裂,就应更换壳体。

(6) 转向盘回正性能差。

① 故障原因。

a. 轮胎充气不足。

b. 杆系球销润滑不足,连接处磨损。

c. 转向器与转向管柱不对正。

d. 前轮定位不正确。

e. 转向拉杆系卡住。

f. 主销球接头咬住。

g. 转向柱轴承过紧或卡滞。

h. 滑阀卡住或堵塞。

i. 回油软管扭曲堵塞。

② 故障诊断与排除。

a. 按规定气压充气。

b. 润滑杆系接头。

c. 松开夹紧螺栓,正确安装。

d. 对正转向器和转向管柱。

e. 必要时加以检查和调整。把转向轮放在转向轮定位检查架上,拆开转向摇臂和摇臂轴的连接。用手转动前轮,如发现轮子转动困难或用很大的力才能转动,则应查明转向杆系接头是否卡住。

f. 更换接头。

g. 更换主销接头。

h. 更换轴承。

i. 取下滑阀加以清洗或更换。

j. 更换软管。

(7) 向左或向右急转转向盘时,转向力瞬时增大。

① 故障原因。

a. 油面低。

b. 转向泵皮带打滑。

c. 转向泵内泄漏量过大。

② 故障诊断与排除。

a. 按要求添加动力转向液。

b. 张紧或更换皮带。

c. 按压力试验检查泵的压力。

任务实施

一、任务准备

1. 工作准备

洁具:准备□ 清洁□

毛巾:准备□ 清洁□

逃生门:位置明确□ 通道畅通□

灭火器:红色□ 黄色□ 绿色□ 处理意见:_____

5S:整理□ 整顿□ 清洁□ 清扫□ 素养□

2. 工具准备

扳钳□ 活动扳手□ 开口扳手□ 钢丝钳□ 卡环钳□ 平口起子□

工具及辅料已备齐□ 差欠:_____

3. 安全事项

(1) 实训台架的转向系统总成及部件支承稳固。□

(2) 转向系统解体的零件摆放规范。□

(3) 手持拆装部件周身无锐口、无毛刺。□

二、实施步骤

实施步骤如表 5-3 所示。

表 5-3 实施步骤

1. 查找转向器组成部件	
查找转向器壳体、转向齿轮、转向齿条、防尘罩等	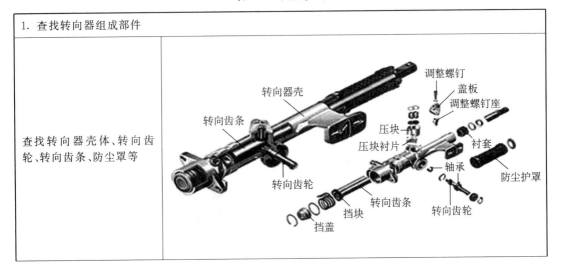

续表

2. 对机械式齿轮齿条转向器进行拆卸	
（1）用开口扳手、大活动扳手拆卸横拉杆球头	 
（2）用尖嘴钳拆卸防尘罩卡环，取下防尘罩	 
（3）用活动扳手和管钳拆卸横拉杆内万向节	 
（4）用尖嘴钳拆卸转向轴齿轮油封，用卡环钳取下卡环	 
（5）用活动扳手拆卸转向齿轮调整螺栓，用平口起子拔出弹簧，调整压块	 

续表

(6) 用橡胶锤轻敲拆卸转向齿轮	
(7) 用手拉出转向齿条	
3. 组装齿轮齿条式转向器	
(1) 用橡胶锤安装转向器转向齿轮，进行油封，用卡环钳安装卡环	
(2) 用手安装转向齿条	
(3) 用活动扳手安装转向齿轮调整装置	 

续表

(4) 用活动扳手、开口扳手安装横拉杆内万向节并锁紧	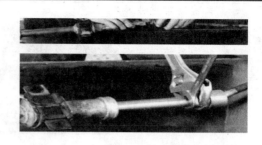
(5) 用手钳安装转向器防尘罩	
(6) 用活动扳手、开口扳手安装横拉杆外球头并锁紧	 

三、清洁及整理

整理：所用工量具□

清洁场地：座椅□　地板□　工作台□　零件盘□　工位场地□　专用工具□　组装的组成部件□

学后测评

一、填空题

1. 拆卸分解齿轮齿条式转向器时，应先在转向齿条端头与横拉杆连接处打上_____。

2. 拆卸分解动力转向器之前，应先放掉_____，检查转向器的_____，若发现转动力矩不符合原厂规定又无法调整时，应考虑更换转向器总成。

3. 汽车的动力转向系统所用的转向油泵多为_____。这种油泵具有结构紧凑、质量轻、性能稳定、转速范围大、效率高、可靠耐用、维修方便等特点。

4. 将转向油泵装配好后应进行部件性能试验，即_____，在无部件性能试验条件时，必须进行_____性能的试验。

7. 机械式转向系统的常见故障有_____、_____、_____和单边转向不足。

二、简答题

1. 简述机械式转向系统转向沉重的故障原因。

2. 简述转向盘发抖的故障原因。

3. 简述车辆行驶中跑偏的故障原因。

4. 简述转向油泵皮带张紧力的检查和调整方法。